PALGRAVE
STUDY SKILLS

帕尔格雷夫研究技巧系列

Study
Skills Connected
Using Technology to Support Your Studies

■Stella Cottrell　Neil Morris

［英］斯特拉·科特雷尔　尼尔·莫里斯　著

苗欣　王欣双　赵璞　等　译

如何提升学习技能
新媒体在学习中的应用

东北财经大学出版社
Dongbei University of Finance & Economics Press

大连

辽宁省版权局著作权合同登记号：图字06-2013-241号

图书在版编目（CIP）数据

如何提升学习技能：新媒体在学习中的应用 / （英）斯特拉·科特雷尔（Stella Cottrell），（英）尼尔·莫里斯（Neil Morris）著；苗欣，王欣双，赵璞等译.—大连：东北财经大学出版社，2020.5
（帕尔格雷夫研究技巧系列）
书名原文：Study Skills Connected： Using Technology to Support Your Studies
ISBN 978-7-5654-3776-2

Ⅰ．如… Ⅱ．①斯… ②尼… ③苗… ④王… ⑤赵… Ⅲ．传播媒介-应用-学习方法-研究 Ⅳ．G442

中国版本图书馆CIP数据核字（2020）第012468号

东北财经大学出版社出版发行

　　大连市黑石礁尖山街217号　邮政编码　116025
　　网　　址：http://www.dufep.cn
　　读者信箱：dufep @ dufe.edu.cn
大连永盛印业有限公司印刷

幅面尺寸：170mm×240mm　字数：287千字　印张：14.75
2020年5月第1版　　　　2020年5月第1次印刷
责任编辑：李　季　高　鹏　　责任校对：岳　欣
封面设计：冀贵收　　　　　　版式设计：钟福建
定价：45.00元

教学支持　售后服务　联系电话：（0411）84710309
版权所有　侵权必究　举报电话：（0411）84710523
如有印装质量问题，请联系营销部：（0411）84710711

译者前言

本书是"帕尔格雷夫研究技巧系列"的第十三本书，自2010年首次引进以来，该系列图书深受读者尤其是大学生和有出国留学意向人士的喜爱，很多书重印再版多次，取得了良好的社会效益和经济效益。

本书的内容适应目前新媒体对生活产生巨大影响的大背景。新媒体时代的到来，给传统媒体带来了挑战，也正在逐步改变着大学生传统的学习行为。本书从新媒体的视角，以在校大学生为主要研究对象，探究新媒体对大学生学习行为的具体影响，并提出新媒体背景下大学生学习行为的改善对策，以期为高校发挥新媒体的教育功能提供理论启示。

目前大学生自身利用新媒体学习的能力不足，同时高校和教师也未能对大学生利用新媒体平台学习提供充分支持。根据新媒体环境下大学生学习行为存在的问题及其成因，本书有针对性地提出了相关的优化对策，并对在学习中如何正确应用各项新媒体技术提供了具体的指导。

本书力图从两方面达成如下目标：

从学生层面：第一，激发学习动机，享受学习过程，强化自我效能感；第二，增强学习意识，培养正确的学习态度；第三，学会资源加工，提高新媒体利用率；第四，完善自我监控，改进网络学习效率；第五，参与媒介学习，丰富有效学习策略。

从教师层面：第一，增强新媒体使用意识；第二，依托新媒体开展专业教学；第三，提高教师利用新媒体的技术水平；第四，培养学生利用新媒体技术进行学习的能力。

本书内容翔实、结构清晰、语言凝练、通俗易懂，对译者而言，如何准确、传神、原汁原味地把作者原意呈现给读者并非易事。为此，本书多位译者精诚合作、字斟句酌、数易其稿，付出了极大的努力，在有限的时间内完成了全书的翻译工作。参与本书翻译的有苗欣（大连交通大学）、王欣双（东北财经大学）、赵璞（甲骨文软件系统有限公司）、戴欣（辽宁警察学院）、高明（大连交通大学），此外，大连外国语大学硕士研究生张蕊、常思安参与了本书部分初稿的校对工作。然而，由于译者个人能力所限，疏漏之处在所难免，敬请读者批评指正！

译　者

2020 年 1 月

目　录

导　论

为什么要使用新技术进行学术研究？

我们大多数人在日常生活中都熟悉各种各样的电子技术和设备——个人计算机、平板电脑、移动电话、智能手机、MP3 和 MP4 播放器、电子阅读器、互联网等。这些技术和设备为我们生活中的方方面面提供了各种便利——从找到需要了解的知识，到组织和策划活动，以及与他人沟通。

这些技术和资源在高等教育领域的使用也越来越普遍，它们可以用来补充、增强或替代以班级为基础的学习。学生在学习过程中，至少需要使用互联网以及某些教育技术，如虚拟学习环境和其他一些技术，这并不罕见。

许多学生喜欢在日常生活和社交中，频繁使用移动设备、应用程序、短信、即时消息、博客和社交网络等，然而相对而言，很少有人思考如何利用自己最喜欢和最擅长的技术，来提高自己的学术研究技能。

本书的目的是帮助学生更有效地利用技术来辅助学习，下面列出了您可能希望使用本书的一个或多个原因。

使用本书的原因

• **让自己更自信**。您需要使用其中的一些技术，并希望对如何在学术研究中使用它们有更多的了解。

• **更好地利用机遇**。您的教师提供使用一些技术的机会或鼓励使用这些技术，但您不确定如何最大限度地加以利用。

• **好奇心**。您希望了解自身使用和整合多种技术来支持学术研究的潜力。

• *解决问题*。您在学习的某些方面遇到瓶颈或困难——无论是进行交流、查找信息、远程学习、感到孤独，还是在其他领域——您想看看是否有技术可以帮到您。

• **更好地利用自己的技术**。您有一个移动设备，并希望充分加以利用。

• **享受**。您喜欢在生活场景中使用这些技术，并希望在学术研究中更多地用到它们。

量身定做

您可能不太想要或者也不太需要使用本书涉及的所有技术，那么您可以选择学习那些您感兴趣的和与您的课程最相关的技术。

浏览本书

后文提供了每一章的大纲，以帮助您在书中导航，找到您需要什么、什么时候需要。

0.1　本书的读者对象

您能从本书中获益，如果您是：
- 受过高等教育的学生。
- 即将学习大学课程，并且已经熟悉一些相关技术。
- 接受与大学学习同等水平的工作培训。

尽管本书主要针对高等教育的学生，但如果您想要或需要利用新技术来进行培训，您可能会发现它很有帮助。

本书适用人群

勾选（√）以下适用的项目。

□通过利用在线资源、移动设备和其他技术优势，可以更有效地学习，提高学习成绩。

□能够在以下学习情境下提高学习效率：
- 在线学习；
- 远程学习；
- 电教课程；
- 独立学习。

□利用自身在工作或社会生活中使用新技术方面已掌握的专业知识，将其有效地应用于学术目的。

□当教师或职场培训师在课程教学中要求进行在线学习时，能够积极应对。

本书读者的专业水平

本书对读者技术能力和学习能力并非毫无要求，您需要具备如下专业知识：

IT技能：熟练使用一些技术，比如个人电脑，并且知道如何进行文字处理、打印文件和使用互联网（至少在日常生活或工作中是这样）。

学习技能：如果您已经在学习技能方面打下了坚实的基础，将会大有裨益。

学生需要本书吗？

尽管现在大多数学生在日常生活中经常使用互联网资源和"智能"技术，但在实践中，很多学生并没有在学习中有效地使用这些资源。

学生们应该根据自身情况掌握：

- 他们使用哪些技术，用于哪些目的。
- 他们有多少相关技术的背景知识。
- 他们将这些技术灵活地应用于不同目的的熟练度。
- 他们在学术研究中运用这些知识的意识和专业知识。

许多学生在个人生活中使用新技术，但并没有从学习的角度来考虑它们的作用。本书可以帮助他们利用新技术来扩大和支持自身的学习研究。

0.2 本书是关于什么的？

本书的写作目的

本书旨在帮助您：

- 享受学习，通过使用新技术，可以使学习更有趣、有效和实用。
- 了解如何将新技术应用到学术研究中，使您的日常工作与学术环境相适应。
- 在学习和学术任务中使用新技术时，培养良好的学习技能、学习习惯和时间管理能力。
- 如果教师要求您在学习中使用新技术，您能从容应对。
- 有信心使用这些技术进行学习和在线工作。
- 当把技术用于学术目的时（如用于更深入的研究），发展批判性和反思性的观点。
- 在需要使用新技术完成作业时，取得更好的成绩。

您学习本书的目的

下面列出了这本书可以帮助您的一些方法，确定哪些是您学习本书的目的。您想要：

□熟悉技术，用于支持和促进学习。

□有效管理自己独立学习的时间，尤其是使用电子资源的时候。

□运用科技手段，使学习更愉快、更有用或更有效。

□当使用不同种类的技术时，遵循学术规范。

□触类旁通，应用其他环境中使用的技术，如社交媒体，来提高学习成绩。

☐使用新技术更好地完成工作任务。

☐在使用新技术时，从学术的角度考虑您的"受众"。

从哪里开始学习？

本书适合不同的读者以不同的方式使用。

您确定从哪里开始学习时，可以使用以下一种或多种方法：

- 参考第1章开头的"优先学习内容"来确定您的学习起点。
- 阅读下文的章节概要，然后做出决定。
- 根据本章末尾"如何使用本书"中描述的三种方法，选择最适合您的方法。

0.3　章节大纲

利用新技术学习

第1章介绍了在学术研究中使用新技术的一般背景，以及从事在线工作和参与学术社区时应遵守的文化、责任和安全准则。它包括一个自我评估工具，帮助您确定自己的优先学习内容，并浏览本书的其余部分。

虚拟学习环境

第2章介绍了虚拟学习环境（VLE），讲解了虚拟学习环境用于提供学习资源、支持学生讨论和协作以及支持评估和反馈的多种方式。

管理在线学习信息

第3章讲解了如何寻找、识别和存储高质量的学术资源。它提供了可用资源的详细信息，以帮助您使用自动搜索、查找信息、与其他学生共享信息以及生成参考资料。

播客

第4章介绍了播客用于学习的技巧和方法，它还介绍了如何创建和使用自己的播客来帮助复习、记忆和学习等内容。

博客

第5章提供了如何创建、设计和宣传自己博客的指导。它着眼于吸引读者关注的方法，特别是，它提供了应用博客进行学术研究的技能指导，指出如何遵守博客"网络礼仪"、保护隐私和进行建设性评论等问题。

维基

维基的使用，尤其是维基百科，在高教领域应用的效果往往是喜忧参半。第6章探讨了何时以及如何恰当地使用维基作为学术研究的信息来源，以及何时不适宜使用维基、维基页面写作的相关技巧。

社交媒体

第7章关注如何利用社交网络工具来提高学习能力。它涵盖的主题包括作为学习社区成员如何建立网络，以及在学术工作中使用社交媒体时所涉及的学习技能、结合多种网络工具来支持学习和专业发展的方法。

课堂与通信技术

第8章介绍了一些课堂上使用的通信技术，包括手机投票、讲座捕捉、视频会议和与其他同学的协作学习。它提供了一些案例指导，可以让您以更积极和互动的方式参与课堂教学、在小组作业或学生项目中使用通信工具，以及通过移动设备和应用程序来使用相关技术。

本书的结尾部分提供了一些学生如何以各自不同的方式利用和整合这些技术的案例，它们展现了如何将不同的技术融入学生日常生活的场景。

0.4　本书采用的方法

学术聚焦

学术界有自己的惯例。在日常生活中使用新技术的方式，如与朋友建立社交网络或告诉某人一个有趣的网站，与学术背景下的要求并不一致。本书的目的是帮助学生利用新技术来加强他们的学习，同时也满足学术要求。

学习技巧

虽然本书可以作为独立的文本使用，但仍假定您已在一定程度上熟悉学习技能，掌握了适用于较高水平学术研究的学习策略和思维方式。第1章简要介绍了要成为一名高效的学生所需要的学习技巧。如果您想在高等教育领域对所需的研究技能方面有更为深入和全面的理解，就需要更专业的学习。为此，请参考以下书籍：

Cottrell，S.（2008）*The Study Skills Handbook*，3rd edn.

Cottrell，S.（2012）*The Exams Skills Handbook*，2nd edn.

Cottrell，S.（2012）*The Study Skills Handbook*，1st US edn.

本书关注那些有关工作和具体技术的学习技巧和策略，它涉及时间管理、批判性思维以及在使用这些技术的背景下与其他学生进行协作等方面。

实用性

本书支持您学以致用，鼓励您创建自己的资源来支持学习，并在适当的情况下，指导您如何这样做。

交互性

学术研究有时会让人感到枯燥和乏味，经过适当的放松或休息后再思考会提高学习效率。不同类型的活动贯穿全书，帮助您：

- 集中注意力；
- 明确您的观点和选择；
- 获得激励；
- 仔细评估材料的适用程度。

反思

反思活动在高等教育领域和工作场所得到越来越多的应用。简短的反思活动可以帮助您决断一些事情，比如目前您将如何调整学习进度以适应自己的学习偏好、生活方式或任务。

IT技能

具备一定程度的计算机知识通常是进行更高水平学习的先决条件，您至少应该掌握以下几方面技能：

- 在线报名、注册和选择课程。
- 通过电子邮件和短信与教师、其他学生和管理人员进行沟通。
- 以电子方式写作和提交作品。
- 从网上获取一些学习资源。

本书不打算一步一步地讲解使用设备和软件的技术细节，对于这些，您需要参加一个基础IT课程，或者使用学习手册或相关软件的在线帮助。

技术说明

只有对学生运用技术至关重要时，本书才会提供相关的技术讲解资料。一般情况下，有关使用这些技术的循序渐进的讲解资料会在网上提供，并经常更新。

0.5　如何使用本书

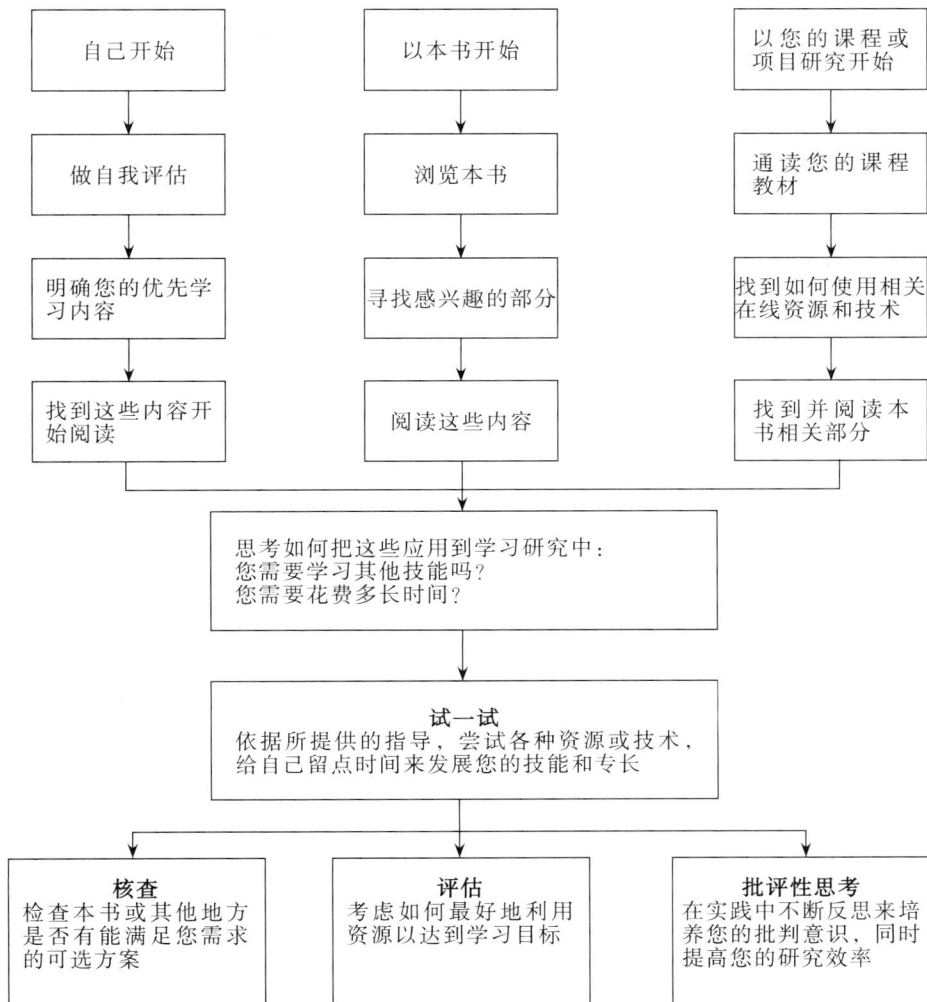

```
┌──────────────┐      ┌──────────────┐      ┌──────────────┐
│   自己开始     │      │   以本书开始    │      │  以您的课程或   │
│              │      │              │      │  项目研究开始   │
└──────┬───────┘      └──────┬───────┘      └──────┬───────┘
       ↓                     ↓                     ↓
┌──────────────┐      ┌──────────────┐      ┌──────────────┐
│   做自我评估    │      │   浏览本书     │      │  通读您的课程   │
│              │      │              │      │  教材          │
└──────┬───────┘      └──────┬───────┘      └──────┬───────┘
       ↓                     ↓                     ↓
┌──────────────┐      ┌──────────────┐      ┌──────────────┐
│ 明确您的优先学   │      │  寻找感兴趣的部分 │      │ 找到如何使用相   │
│ 习内容         │      │              │      │ 关在线资源和技术 │
└──────┬───────┘      └──────┬───────┘      └──────┬───────┘
       ↓                     ↓                     ↓
┌──────────────┐      ┌──────────────┐      ┌──────────────┐
│ 找到这些内容开   │      │  阅读这些内容    │      │ 找到并阅读本    │
│ 始阅读         │      │              │      │ 书相关部分     │
└──────────────┘      └──────────────┘      └──────────────┘
```

思考如何把这些应用到学习研究中：
您需要学习其他技能吗？
您需要花费多长时间？

试一试
依据所提供的指导，尝试各种资源或技术，
给自己留点时间来发展您的技能和专长

核查
检查本书或其他地方
是否有能满足您需求
的可选方案

评估
考虑如何最好地利用
资源以达到学习目标

批评性思考
在实践中不断反思来培
养您的批判意识，同时
提高您的研究效率

第1章

利用新技术学习

学习目标

本章帮助您：

- 确定使用新技术学习的优先学习内容；
- 了解如何使用新技术提高学习能力；
- 熟悉网上学习环境的文化和网络礼仪；
- 把您的在线表现看作是构成学术表现的一部分；
- 在使用新技术时考虑隐私和安全问题；
- 确定学习新技术时所需的技术资源；
- 考虑您作为学生所需的更广泛的技能。

引言

如果您已经熟悉在日常生活中使用新技术，那么您应该能够快速浏览本章。如果确实如此，那么请：

- 确定学习内容的优先事项；
- 注意在学术环境中使用这些技术的方式是不同的；
- 考虑您作为学生在网上的行为和责任；
- 转到您感兴趣的章节。

如果对您而言本书所涵盖的部分或全部技术和在线交流都是陌生的，那么本章旨在帮助您：

- 更多地了解网络环境的文化和语言；
- 加入在线学习社区；
- 确定学习起点，以使用这些技术加强学习。

1.1　自我评估：确定您的优先学习内容

A栏：勾选（√）符合您自身情况的陈述。

B栏：得分为6~10分，表示该项学习技能的重要性（6=不重要；10=至关重要）。

C栏：得分为1~5分，评价您当前这方面的能力（0=非常弱；5=优秀）。

D栏：D=B-C，得分最高的项目可能是优先学习内容。

陈述	A 是（√）	B 重要性（6~10分）	C 能力评分（1~5）	D 优先学习内容（B-C）	E 所在章节
1. 我对如何利用技术来加强我的学术研究有一个大致的了解					1.2
2. 我有信心成为在线社区的一员					1.3
3. 我很好地掌握了网络沟通的语言和文化（网络礼仪）					1.4 ~ 1.8
4. 我很清楚需要什么设备来使用这些技术进行学习					1.15
5. 在网上工作和交流时，我能意识到关键的安全和隐私问题					1.9~1.11
6. 我知道要想取得学术上的成功，我需要更广泛的学习技能					1.17~1.18
7. 我知道为了从本书中获得知识，我需要达到的基本技术水平					1.19
8. 我了解虚拟学习环境在高等教育领域中的应用					2.1~2.2
9. 我有信心最有效地使用虚拟学习环境（如果课程提供）					2.3~2.7
10. 我有信心在协作学习的讨论中献计献策					2.10~2.11

续表

陈述	A 是（√）	B 重要性（6~10分）	C能力评分（1~5）	D 优先学习内容（B-C）	E 所在章节
11. 我可以在网上找到高质量的学术资料					第 3 章和第 6 章
12. 我知道如何进行与我课程有关的互联网资料的自动检索					3.11
13. 我知道如何使用书签来储存我的学术资料					3.11
14. 我知道如何使用参考管理工具来帮助生成参考资料					3.11
15. 我有效地使用播客来支持我的学习					第 4 章
16. 我可以创建自己的播客来有效地支持我的课程的各种需求					4.12~4.13
17. 我知道如何有效地利用自己的播客来备考					4.10
18. 我知道如何在学术环境中有效地使用别人的博客					5.17~5.19
19. 我知道如何有效地使用自己的博客来提升学习的方方面面					5.3~5.7 和 5.10~5.15
20. 我知道如何在别人的博客上发表建设性的意见					5.8~5.9
21. 我有信心使用现有的维基来加强我的学习					第 6 章
22. 我了解如何建立和修改维基作为我的学术研究的一部分					6.8~6.13
23.我很清楚什么时候能使用维基作为学术工作的信息来源，什么时候不能用					6.5~6.7

续表

陈述	A 是（√）	B 重要性（6~10分）	C 能力评分（1~5）	D 优先学习内容（B-C）	E 所在章节
24. 我知道如何利用新技术为我的学术作品添加参考文献					1.13，7.17
25. 我知道如何利用社交媒体来支持我的学业					第7章
26. 我有信心利用好手机投票的机会					8.2~8.3
27. 我知道什么是讲座捕捉					8.4~8.5
28. 我知道可以用视频会议来支持我的学习					8.9~8.12
29. 我知道可以用智能手机来支持我的学习					8.15
30. 我知道可以用移动设备来支持我的学习					8.13~8.14
31. 我知道有一些应用程序可以支持我的学习					8.16
32. 我知道如何整合技术来支持和加强我的学术研究					9.1~9.4

1.2 在大学使用新技术

您使用新技术来支持自身的学术工作取决于您觉得新技术在学术工作中的重要性如何，以及您必须使用什么技术来参与其中。下面的例子向您介绍了一些新技术的潜在用途，其中大部分在本书中有更深入的介绍。

1.2.1 您的选择

您可以选择使用您喜欢的技术来促进学习。例如：
• 下载播客以巩固对讲座内容的记忆。

- 制作自己的播客，用来帮助准备考试。
- 支持实地考察工作的博客。
- 帮助学生进行小组项目研究工作的社交网络。

1.2.2 布置作业

您的课程作业里可能包括：
- 写一个在线反思博客，总结您学到的东西。
- 电脑评分。
- 作为项目的一部分，为特定的受众制作播客。

1.2.3 课堂教学

教师在课堂上使用新技术的程度各不相同。您的教师可能：
- 留出时间，针对课堂上正在研究的话题创建维基。
- 应用他们在研究中使用的专业技术。
- 使用投票技术收集对正在讨论问题的集体意见。

1.2.4 指导自主学习

教师可以通过虚拟学习环境来提供一系列的资源和学习活动：
- 讲座和其他授课内容的备忘录。
- 带注释的阅读清单或大纲。
- 自我评估材料，供您测试自己的理解能力。
- 在线完成的互动材料。
- 创建学生维基。

1.2.5 支持学习

教师可以通过新技术提供额外的支持。例如：
- 在虚拟学习环境里，对难懂的概念提供更详细解释的材料。
- 播客总结，以强化讲座中所阐述的观点。
- 通过即时信息与学生联系。
- 发推文来强化学习要点。

1.3 加入在线学习社区

1.3.1 在线学习社区

您可以使用社交媒体和一些在线工具来与下列人员建立联系：

- 您的同班同学。
- 学习其他专业，但其所学内容有助于您理解自身学科的同学。
- 在其他高校学习同一专业的学生。
- 学习小组成员。
- 您所学课程的教师。
- 世界范围内使用这些技术交流思想和研究感悟的学术人员。
- 在同一专业领域工作、对您的专业理论和知识基础的发展感兴趣或有贡献的人。

1.3.2　您在学习社区中的角色

- 与他人分享知识和经验，共同进步。
- 做一名积极的贡献者：贡献材料、链接和评论。
- 尊重社区内的其他人，遵守基本规则，使用良好的"网络礼仪"。
- 负责任地行动，照顾好自己和他人。

1.3.3　建立学生社交社区

由于学生的社交和教育生活紧密相连，使用博客、脸书（Facebook）或推特（Twitter）等工具来建立一个学生社交社区将使您受益。这些能帮助您：

- 在您的课程或项目中广交朋友，接触到更广泛的学生群体，获得他们的支持，讨论您感兴趣的学习领域。
- 寻找高校里的俱乐部或社团，关注它们的最新动态，从而帮助您感受校园生活、联系同学，并为学习创造机会。

1.3.4　建立更大的社区

积极地建立并推广您的在线社区：

- 选择您钟爱的技术手段建立在线社区：这样您更愿意进行社区维护。
- 社区维护要频繁，这样有助于让更多的人加入您的在线社区。
- 分享您的意见、想法、信息、建议的解决方案和自己的经历，这样别人就会觉得值得参与其中。
- 参与对话。当您在相关的博客、讨论版和其他网站中发布评论和回应时，表示出您对他人的话题感兴趣，对方才更有可能回应您。
- 关注其他人。如果您通过推特等工具关注企业或组织，看看它们的粉丝，也关注他们。有些人会自动关注那些关注自身的人，以建立更大的社交圈（但也需要一些筛选，否则您可能会关注垃圾邮件发送者）。

1.3.5　文化、语言和"网络礼仪"

在线社区是动态的，因此术语、行为和惯例等会不断发生变化。
- 要理解这些术语，请参阅本书末尾提供的术语汇编。
- 网上工作和交流的非正式、被广泛接受的规范被称为"网络礼仪"。

1.4　基本网络礼仪

1.4.1　什么是网络礼仪？

网上交流有自身的习俗和文化，被称为网络礼仪。您可能已经非常熟悉它们，但许多网络礼仪在学术环境下会有所不同。

就像在日常生活中一样，网上与您交流的人也会受到您所作所为的影响，因此您要：
- 对您的听众和语境要敏感。
- 相应地调整您的沟通风格、内容和表达方式。

1.4.2　网上常用礼节

- 根据需要，友好地发表开场白或表示欢迎。
- 向新人介绍自己。
- 交流结束时签名。
- 要像在日常生活中一样礼貌待人，适当地使用请、谢谢、对不起等语言。
- 避免浪费时间：保持信息简洁明了、直奔主题。
- 未经作者同意，请勿将电子邮件或其他通信内容转发给他人。

1.4.3　表达感激

- 当您喜欢或感激某个帖子或评论时，请说谢谢。
- 做一个简短的评论，表明您已经阅读了文章。

有道理！谢谢！
太漂亮了。我同意。
很高兴我不是唯一一个这样做的人！

1.4.4　核实内容

在没有完全理解某人所表达信息的情况下，很容易做出不当反应。仔细阅读帖子或评论——您可能误解了他们，尤其是如果他们：

- 好得令人难以置信，似乎是天上掉下的馅饼。
- 表现出异乎寻常的粗鲁。
- 让您想发出愤怒的回应。
- 可能拼错或漏掉了一个单词。

> *恭喜您摇奖中了一辆车！请寄 100 英镑去认领您的礼物。*

1.4.5　避免的行为

- **粗鲁**：不要因为看不见对方就显得粗鲁——只说该说的话。
- **灌水**：随便发布无关内容可能引起反感，如打扰他人的讨论。
- **不合时宜的争论**：不要带有强烈感情色彩进行争论。避免仅仅是为了挑衅，或以冒犯或破坏讨论气氛的方式进行争论。

1.5　网络礼仪：控制您的语气

1.5.1　阅读的语气

在面对面的交流中，您可以使用面部表情和手势来帮助传达您的信息。如果您的措辞令人困惑或不准确，您的肢体语言和语调可能会填补空白，帮助听众理解您的真正意图。

除非您在与教师和学生交流时使用网络摄像机，否则您将无法依靠面部表情、肢体语言和语调，将更依赖于您的措辞和陈述来传达语气和信息的细微差别。

1.5.2　应该做的事情

- 在发送之前，阅读所有内容，检查收件人是否能以您意想不到的方式理解您的话。
- 要小心使用反讽、讽刺、幽默、含沙射影或嘲讽、侮辱等语言，除非您知道收件人会接受它们——这些语言不太可能适合大多数学术交流。
- 要知道，在网上使用大写字母会被视为大喊大叫或攻击。

> 考虑下面使用大写字母的影响差异：
>
> | | |
> |---|---|
> | I'm tired. | I'M TIRED. |
> | I want a copy of your notes！！！ | I WANT A COPY OF YOUR NOTES！！！ |
> | Have you seen this? | HAVE YOU SEEN THIS? |

1.5.3　潜水

在进入在线讨论或聊天室之前，浏览或观察一段时间以获得对该讨论区的感觉，了解所涵盖的内容以及使用的语气和风格，这将帮助您按照该讨论区的文化氛围进行沟通。

反思：交流的语气

一般来说，您进行正式交流的主要语气是什么？礼貌的？活泼的？友好的？厚颜无耻的？阿谀奉承的？抱怨的？专业的？

您会仔细阅读您的电子邮件、信息和其他电子通信工具，根据您的交流对象来调整语气吗？

1.5.4 控制情绪

当信息被写下来的时候，会比预期的更能给人留下深刻的印象，尤其是如果用典型的电子媒体的简短信息来写的话。

1.5.5 应该做的事情

- **提供解释**

提供一个简短的背景介绍，以帮助收件人按照您的意图理解您的消息。

- **避免造成歧义**

在发送电子邮件或帖子之前，请重新阅读，检查收件人是否可能误解。如果重读特定的单词或使用不同的语调来朗读信息，会有什么不同吗？

- **中断敏感交流**

如果传递的信息难以启齿，或者在写作时感到愤怒或沮丧，至少一个小时之内不要发送信息。当您冷静下来或处于更积极的心态时重新阅读这些邮件，再决定是否应该进行修改。

1.6 学术环境中的网络礼仪

1.6.1 合理的期望

- 对于希望别人多长时间、多快对您做出回应，要现实一点。

- 不要指望教师或其他学生每天都给您答复。

- 不要为了得到回复而重复发送邮件、信息或推特，寻找其他方法来获得您需要的答案。

- 不要浪费他人的时间，不要复制多余的回复或发没完没了的琐碎信息。

- 假设您的家人和朋友圈之外的人需要更长的时间才能回复您——而且可能根本不会回应。

1.6.2 第一印象

许多在线交流都是率性随意的。人们普遍认为，拼写、语法、标点符号和一般写作技巧等规范表达在电子邮件和网上并不重要。对于朋友和家人，以及许多网站而言，这样做也许无可厚非。

然而，在某些情况下，良好的表现确实很重要。注意，您的电子邮件和其他信息可能会被雇主、教师和其他人用来判断您的个性，以及您会给工作或研究项目带来的承诺、关注、尊重和关怀的程度。就像在日常生活中一样，要给人留下良好的第一印象。

1.6.3 避免的行为

- 不要发送仓促、含混的信息。
- 不要发送有拼写错误和遗漏单词的信息，这是没有意义的。
- 不要在学术工作和其他正式的电子邮件中使用表情符号。

1.6.4 应该做的事情

- 利用现有的资源来帮助其他学生、分享想法和有用的链接。
- 提出能激发真正的求知欲的问题。
- 校对文字以使意思表达清楚。
- 从最终收件人的角度来阅读您的邮件。
- 针对工作、学术和行政人员使用不同于朋友和家人的电子邮件地址和其他沟通方式。
- 用一种友好、礼貌且半正式的方式写信给那些身居要职或您不认识的人。
- 假设与您进行工作联系的任何人，都会关注您在所有交流中如何表现自己，包括语法、标点符号和语气的使用。

反思：给人留下的印象

阅读您在过去几周给不同的人发送的邮件：

- 您进行文字校对了吗？
- 这些信息给人的印象如何？
- 除了朋友和家人以外，您能适应其他人的交流方式吗？

1.7 自我评估：网络礼仪

阅读下面20个网络礼仪项目，给自己打分，5表示总是使用良好的网络礼仪，0表示从不这样做。圈出最适合您的分数。

网络礼仪	个人评估					
	最好					最差
1.我会小心翼翼地记住我的网上交流对象的感受	5	4	3	2	1	0
2.我关心其他人的感受，他们可能会受到我在网上所写、所做事情的影响	5	4	3	2	1	0
3.我在发信息之前会重读一遍，看看它们是否传达了正确的信息和语气	5	4	3	2	1	0
4.我检查了自己所在院校是否为网上交流提供了专门的行为指导——如果有的话，我能遵照执行	5	4	3	2	1	0
5.我会调整我发送信息的内容和语气，以适应不同类型的收件人	5	4	3	2	1	0
6.我在网上交流时总是很有礼貌，即使当有我不喜欢或不支持的其他人参与交流时	5	4	3	2	1	0
7.我很注意我在互联网上发送的东西，这样我所说的或所做的一切都不会在未来的岁月里困扰我	5	4	3	2	1	0
8.我避免闲聊	5	4	3	2	1	0
9.我避免使用可能会惹恼或不必要地激怒他人的语言	5	4	3	2	1	0
10.当我询问信息或等待回应时，我的期望是现实的	5	4	3	2	1	0
11.我在通信中会添加标题，以便让收件人清楚地知道他们要打开的是什么、是否是紧急的内容	5	4	3	2	1	0
12.当人们不辞辛劳地向我发送信息、链接或支持时，我会表示感谢	5	4	3	2	1	0
13.我在适当的场合发表有价值的意见	5	4	3	2	1	0
14.我避免用自己的问题和观点主导讨论和留言板	5	4	3	2	1	0
15.我注意不浪费别人的时间，不给他们发送不必要的信息和琐事	5	4	3	2	1	0
16.我会检查我的电子邮件和帖子是否便于阅读，是否有遗漏的单词，是否纠正了错误的标点符号	5	4	3	2	1	0
17.在转发别人发给我的信息之前，我要先征得他们的同意	5	4	3	2	1	0
18.我尊重他人的隐私，注意不将他人的私人信息或照片复制给另外的人	5	4	3	2	1	0
19.我会保持谨慎，以免因不小心使用网上资料而危及他人的安全	5	4	3	2	1	0
20.我尊重版权，避免盗版，按要求付费，合法下载	5	4	3	2	1	0

1.8　您的网络礼仪和基本原则

1.8.1　自我评估：根据上表，逐条打分

1.8.2　算出您的百分比分数

加总您所有的分数得到总分，满分为100分，计算出百分比分数。

1.8.3　解释您的分数

超过80%

如果您对自己的评分超过80%，并且假设您的判断是正确的，那么您就有很好的网络礼仪，人们更愿意和您在网上交流。注意您较弱的项目，并找出您可以做些什么来加以提高。

低于40%

如果您的得分低于40%，以下情况很有可能发生：

* 您可能会冒犯他人。
* 您会给自己和与您交流的人制造不必要的压力。
* 您会冒这样的风险：其他人不想和您交流或者不会提供给您所需的信息。
* 您有被禁止进入聊天室或其他网站的风险。

如果您曾经认为自己有良好的在线沟通技巧，那么这是一个值得关注的分数。您最好反思一下低分的缘由，并制订一个快速的行动计划来加以提高。

介于40%和80%之间

您的分数越接近80%，您的网络礼仪就越好，就越有可能与别人进行良好的沟通。您离40%越近，您就越需要注意如何在线交流，注意您较弱的分数项目，并找出提高这些项目的方法。

1.8.4　改善网络礼仪的首要任务

找出您的最低分，选择三项内容立即改进。

改善我的网络礼仪的优先事项

1	
2	
3	

1.8.5　确定自己的基本原则

作为一名学生，您将参与在线交流和分享信息的活动。对您认为自己可以接受的东西形成一个清晰的观点——作为网上交流的基本原则。

基本原则

1	
2	
3	
4	
5	
6	
7	
8	
9	
10	

1.9　您的在线表现

谨慎对待您的网上信息的数量和种类。一旦您的信息在网上发布，就很难阻止它们的传播，多年或几十年后，您对它们的感觉可能会完全不同。

1.9.1　允许公众……访问您

如果您允许公众访问您的个人资料、博客或通信，明智的做法是遵守以下的基本规则，以确保您的安全并保护您未来的利益。

注意您发送到未知世界的东西

请记住，如果您允许公众访问您的个人资料、博客或其他在线材料，您将不知道谁可能看到或使用它们。您的文字或图片可能会通过搜索引擎被发现，并被用于一系列您意想不到的地方。

考虑您的形象

考虑一下，当您想要传达一种不同以往的关于您自己的信息时，一时冲动发布的图片和文字是否会在以后困扰您。

记住永久记录

在发布这些评论之前，请记住，公众场合的评论可以被访问和保存很多年。

远离冒犯

仔细考虑您的评论是否会无意中冒犯他人。除了对他人造成伤害外，这些评论还可以用来判断您是否适合这份工作、社会、奖项或公职。在某些情况下，您可能会因违反法律而被起诉或要求赔偿。

1.9.2　未来的雇主会看到什么呢？

在招聘过程的某个阶段，雇主在网上调查求职者的情况并不鲜见。旨在取悦朋友和同事的交流内容可能不会保密。在发送简历之前，考虑一下您的照片、博客、帖子和其他网上信息是否能传达出您希望未来雇主看到的形象。如果您想在未来给雇主或其他人留下深刻的印象，那些通过谷歌或其他搜索引擎获得的信息对您的事业有帮助吗？

1.9.3　创建多个账户

如果您出于学术、个人和专业目的使用推特，可以考虑建立多个账户。在移动设备上，您可以轻松地在这些账户之间切换。这样做的好处是，您的专业"追随者"不会看到您可能希望发送给朋友和家人的非正式的信息。

> **行动：雇主的印象**
>
> 如果您现在用谷歌搜索，您的未来雇主会对您得出什么印象？

1.10　保护自己和他人

1.10.1　谨慎发布活动广告

近年来，许多聚会活动由于在公共平台上发布了广告，导致了大量的不速之客来访和大量的破坏。

1.10.2　防止身份被盗

如果有人打算窃取您的身份，他们可能会熟练地从您不同的在线资料中收集和交叉引用信息片段，以建立您的个人档案。

整理出一份清单，列出可以通过公共平台和谷歌等搜索工具收集到的有关您的个人信息。包括以下细节：

- 您在哪里学习？为什么学习？
- 您的时间表和旅行计划。
- 您的好恶。
- 教学人员的详细情况。

- 朋友和家人的姓名和详细情况。
- 最近的购物、假期和消费模式。
- 您以及您的朋友或家人将何时休假。
- 您或者您认识的人何时搬家、搬往何地。
- 您经常去的地方。
- 您通常在哪里吃午餐。
- 您居住地当地的节日或景点。
- 您窗外的景色。
- 您是否觉得自己在某一方面很脆弱，为什么？
- 您的就业细节。

行动：您透露了多少？

一个相对陌生的人能从您的网上信息中建立起什么样的关于您和您的生活的图片？

这意味着什么样的生活方式？

当您的家，或者您认识的某个人的家，很可能空无一人的时候，它暗示了什么？

1.10.3 保护他人的身份

您个人或者他人发布在公共平台上的信息，可能会被不法分子利用并拼凑出您的个人资料。

行动：您可信吗？

仅仅通过把您的家人和熟人的公开信息放在一起，第三方能发现什么？

1.10.4 考虑对别人的影响

您要对自己评判别人的话、行为或观点负责，即使只是开玩笑。您的评论或照片可能会被传递给其他人，或者以您意想不到的方式使用。注意不要让您写的东西给别人带来麻烦或伤害，比如危及他们的安全、隐私、工作前景、人际关系、想法、学习或内心的平静。

1.10.5 礼貌待人

以指名道姓的方式抱怨学校中的教师或者工作人员是不礼貌的。

不少学生因为在脸书上对学校员工发表评论而受到纪律处分。大学里有合法、正式的机制和渠道供学生反馈意见，并在必要时提出抱怨。

1.11　个人隐私安全

1.11.1　保护个人隐私和安全的策略

您在网上怎样保护自己？评估每个陈述，圈出评分：

5.总是　　　　　3.大部分时间　　1.几乎从未
4.几乎总是　　　2.有时　　　　　0.从不

陈述	总是 ·········· 从不					
1.我设计的长密码包括字母、数字和符号	5	4	3	2	1	0
2.我经常更换我的密码	5	4	3	2	1	0
3.在与第三方分享他人信息之前，我要先获得许可	5	4	3	2	1	0
4.我使用个人安全设置	5	4	3	2	1	0
5.我针对不同的对象更改我的个人信息设置	5	4	3	2	1	0
6.我使用最新的杀毒软件	5	4	3	2	1	0
7.我对同只在网上认识的人分享个人信息持谨慎态度	5	4	3	2	1	0
8.如果我与网友见面，我会带上另一个朋友同去	5	4	3	2	1	0
9.我拒绝与亲密的朋友和同事分享密码和个人身份信息	5	4	3	2	1	0
10.我从不借钱给那些只通过网络认识的朋友	5	4	3	2	1	0
11.我永远不会把我的密码、个人身份信息或类似的细节透露给任何在网上或电话里要求提供这些信息的人——即使他们听起来像是"官方的"	5	4	3	2	1	0
12.我从不在交作业之前与别人在网上分享我的作业内容	5	4	3	2	1	0
13.我从不向网友透露我的家庭住址	5	4	3	2	1	0
14.我从不向网友透露我的电话号码	5	4	3	2	1	0
15.我从不向网友透露我家人的相关信息	5	4	3	2	1	0
16.我对把自己照片发送给他人这类事情非常谨慎	5	4	3	2	1	0
17.我只向我确认为好友的网友透露我的个人在线信息	5	4	3	2	1	0
18.我从不回复垃圾邮件	5	4	3	2	1	0
19.我会将垃圾邮件永久删除	5	4	3	2	1	0
20.我能很好地在网上保护我的学术作品，在发表或交给教师评分之前，除了我没有人能看到	5	4	3	2	1	0
总分：将所有20项的分数加起来	5	4	3	2	1	0

1.11.2　算出您的百分比分数

加总您所有的分数得到总分，满分为100分，计算出百分比分数。

1.11.3 评估您的分数

一般来说，您的分数越高，您就越安全，越受保护。然而，任何低于100%的分数都可能会让您被别人肆无忌惮地利用。

宁可犯错误也要谨慎，即使有时这会让您感到不必要或不信任。失去对信息的控制可能会带来无法预料的严重后果。

全世界有太多的人擅长欺骗那些愤世嫉俗的互联网用户，让他们相信一个虚假的故事。有些人利用令人信服的假身份，甚至能在长达几年的时间里编造虚假的故事和建立可信的关系，以便在信任建立后敲诈钱财或获取其他好处。

1.11.4 七"不要"

1.永远不要认为您只通过网络就可以彻底了解一个人。

2.永远不要将密码告诉别人。

3.永远不要将个人账户信息告诉别人。

4.永远不要独自去会见陌生网友，不管您觉得自己和他在网上有多熟。

5.永远不要借钱给网友。

6.永远不要把您在网上找到或购买的作业作为自己的作业交上去。

7.永远不要在提交作业前与别人在网络中分享您的作业内容，如果有抄袭行为，那么您可能也会受到处罚。

1.11.5 分享个人思考

通过博客与您的教师或值得信赖的朋友分享个人思考是很有益处的，前提是它不包含个人信息。您可以让他们对您的帖子发表评论，提出他们对您的反思的见解或意见，这可能会帮助您获得一个不同的视角。然而，考虑到这类博客的性质，您可能不想将其广泛分享：

- 保护好您的个人信息。
- 保护好他人的信息。
- 保护好您个人以及他人的隐私。

1.12 尊重他人的在线资料

1.12.1 同意和许可

转发

总体上说，不要在发件人不知情或者不允许的情况下，随意转发他的邮件或者聊天内容。要尊重他人的想法，提前了解发件人不希望哪些人看到和收到其发表的内容。

使用照片

如果您想发送包括您自己以外的任何人的照片，在发送之前一定要征得他们的同意。

使用音频和视频

您的教师的音频和视频由他们和制作机构拥有版权，未经许可，不得分享、修改或转载教师提供的播客或视频。

调查资料

如果您为了一个项目采访任何人，或者在调查中从他们那里获得信息，他们必须事先知道您将如何使用这些资料，并且允许您这样做。不要把这些资料用于其他目的。

1.12.2　保密

如果您正在利用学生或工作项目中获得的信息，一定要保护相关人员的身份，除非他们给您明确的书面许可，让您透露他们是谁。

避免提供一些细节，因为这些细节可能会在不经意间泄露您提到的人的身份。

1.12.3　保护他人创意

学生和其他人有时会在自己的网站或博客上提出一些新颖的想法，然后他们希望把这些想法作为商业创意或发明加以推广。小心对待别人的想法。避免在未经他人许可的情况下将这些信息传递给第三方，以免第三方利用这些信息为自身谋取利益。

1.12.4　合法使用

避免非法下载

如果您想下载从网上找到的资料，务必合法下载，如果该资料不是免费或"开源"的，一定要付费。

侵犯版权和剽窃

不要用别人的作品冒充自己的作品，无论是出于商业目的还是学术目的。这适用于他们作品的任何方面，无论是他们的想法、他们的文字，还是他们的照片、计划、音乐、图纸或设计。

别人作品的知识产权应当受到保护。正如您不会指望在不承担法律后果和不受惩罚的情况下窃取其他类型的财产一样，您也应该尊重知识产权，或者为后果做好准备。

如果您从别人的作品中赚钱，或者被发现侵犯版权，您可能会被起诉。

正确提供资料来源

如果您确实把网上的资料作为信息来源，一定要清楚地说明您是在何时何地在网上看到这些资料的。这不仅是公平对待第一个把信息放在那里的人，也有助于在法律上保护您。曾有学生因在网上发表未正确提供资料来源的文章而引起法律诉讼的案例。

1.13 抄袭和作弊

如果您在学术作品中引用别人的材料，不管您是否得到他们的许可，都必须在您的作品中明确地说明信息来源。简而言之，每当您提到来自其他来源的思想或信息时，比如网页或在线期刊文章，您必须：

- 说明您的资料来源：列出作者的姓名和他们作品发表的时间。
- 根据惯例，在结尾或脚注中写下完整的参考文献。

不同的电子媒介对资料来源有不同的规范要求，具体细节请见本书的相关章节。

您所在院校对参考文献的使用一般都有相应的规范要求，如果您不正确使用，您将获得较低的分数，并可能被指控剽窃。

1.13.1 剽窃的严重性

大学非常重视剽窃行为。他们利用各种软件和其他相关技术方法对学生的作品进行"查重"，以确定学生在哪些地方抄袭了他人的作品，或抄袭从互联网或其他地方获得的材料。

通常，一个学生第一次被发现有抄袭的行为，他们会得到极低的分数并且必须重做作业；如果再次被发现有抄袭的行为，则会被学校开除。

1.13.2 引用参考文献的好处

对于学术工作来说，引用参考文献受到鼓励，所以每次使用您的课程推荐的参考文献标引系统来引用这些资料时，您都可以根据需要畅所欲言。

本书的许多章节给出了指导，如何和何时使用通过新技术获取的材料是合适的，以及如何在您的学术作品中正确引用，以避免抄袭。

1.13.3 抄袭

如果您使用其他学生或网上购买的材料，那么您的成绩有可能极低，而且这还是最好的情况，最坏的情况是您被发现抄袭。检测工具通常可以识别学生从哪里移植了这些材料，并对其进行修改，使其看起来像自己的作品。

如果您使用其他学生的作业，他们很可能和您一样受到惩罚。出于同样的原因，您不应该让别人看到您的作品，即使是草稿，因为：

- 以后可能很难证明您不同意别人抄袭您的作品；
- 您的教师可能不清楚谁抄袭了谁。

最好避免使用声誉良好的信息来源以外的任何材料。如果您使用从网上购买或从朋友那里借来的论文或报告的章节，即使这些章节被正确引用，您的教师也不会对您另眼相待。

> 一定不要找人代写文章！

1.14　使用新技术学习

1.14.1　不同的教学方法

没有一套标准的技术可以适用于所有课程，所以您在每个专业课堂中所使用的技术千差万别。教学机构和教师对使用各种技术的兴趣和熟练程度也各不相同。您可能会发现，您某一课程的教师热衷于鼓励您使用各种互动学习技术，从在授课期间使用手机或平板电脑，到撰写博客和维基来支持小组工作或课堂项目，概莫能外。他们可能提供许多使用手机投票、协作学习和在线资源的机会。如果您喜欢这样，并且觉得使用这些工具很舒服，那么您就会有一个很棒的学习体验。

另外，您可能会发现您的教师有以下几方面的顾虑。如果是这样，最好了解清楚，并考虑如何调整自己对技术的兴趣，以适应本课程的要求。

分心

在课堂上使用手机、平板电脑、聊天室和其他协作学习工具，可以带来动态的、令人兴奋的学习体验。但另一方面，这些技术会分散教学过程中学习其他内容的注意力，因此浪费宝贵的学习机会，并可能影响到周围的人。如果这听起来像您，那么考虑一下什么时候以及如何使用这些技术。

维基和维基百科

许多教师对学生过度依赖维基百科资源感到不安，太多的学生把这作为他们寻找资料的唯一方法。因此，当他们进入更高层次的学习时，他们并没有学会所需的搜索技能。很多时候，学生们对使用维基百科和通过其他在线方式获得的不准确的资源不加批判地全盘接受。第6章讨论了何时以及如何恰当地将维基百科用作资源。然而，值得注意的是，它的使用非常敏感。

思考和聚焦

虽然使用技术和在线信息时有可能保持始终如一的专注，但更典型的做法是蝴蝶式的使用，短暂地降落，然后飞向下一个明亮的物体。这种工作和思考的方式更利于创造性思维。您可以用这种方法快速地浏览大量的信息，将您的大脑暴露在许多不同的刺激下，从而有可能获得灵感、产生许多有趣的想法。

但是，很多同学不能将这种点到为止的方法与其他强调坚持不懈的方法在使用上进行很好的平衡，在从事充满难题的复杂工作时，难以将两者自始至终协调运用，从而产生与预期相反的作用和影响。如果您也有类似的情况，那么这就是您需要努力的方向，这样您才能在需要的时候保持专注。

预期的学习成果

教师会根据他们教授的材料和他们希望您学习的内容选择性地使用新技术。在某些情况下，完全不使用新技术，学习的效果可能会更好。在其他情况下，教师可能已经决定使用一种特定的技术来帮助您发展一项技能或更好地理解教学内容。

您应该对哪些技术在哪些学习环境中最有用形成自己的判断，本书旨在帮助您发展这项技能。

1.14.2 "学生们对此早有了解"

虽然学生们可以熟练使用某些技术，尤其是社交媒体和移动设备，但这远不能满足课堂教学的需要。

此外，当学生被问及他们使用哪些技术和用来干什么时，很明显：

- 许多人使用的功能范围相对狭窄。
- 很少有人使用他们喜爱的社交工具，以先进的方式持之以恒地用于学习。
- 当使用他们在其他环境中熟悉的技术时，他们根本不清楚这些技术在学术环境中应该如何使用。

1.14.3 不同的使用方法

虽然有些学生可以非常熟练地使用IT技术，但并非每个人都如此。如果您参加的是一个鼓励使用IT技术的课程，或者您热衷于鼓励其他人在小组作业或协作学习中使用它，一定要记住——学生使用的方法可能会因各种各样的原因而有所不同，例如：

- 他们过去是否容易掌握这些技术。
- 他们能否获得并负担得起其他人使用的一些高端技术。
- 他们目前的技术水平。
- 他们是否有已知或隐藏的残疾，使某些技术难以使用。
- 他们是否想把社交媒体用于学习，还是只想把它们用于个人生活。
- 他们是否喜欢使用流行技术——有些人喜欢通过社交媒体获取源源不断的信息，另一些人则认为社交媒体上充满陈词滥调或无聊至极，唯恐避之不及。
- 他们是否真心喜欢使用这些技术。

1.14.4 确定所需设备

在使用这些技术之前，您可能希望了解需要什么样的设备。后文提供了一个模板，用于确定您所需的设备。在您所在的机构和课程网站上寻找您需要的信息，如果可以选择是否购买这些设备，请详细核算全部成本，包括全年的电话和上网费用，权衡利弊。您也许会发现使用后文的评估表很有帮助。

1.14.5　确定所需学习技能

本书假设您已经拥有了良好的学习技能，包括时间管理技能、参与小组工作、撰写学术作业、分析思维能力。特别是，拥有识别、选择和使用您在网上或其他地方找到的材料的学术能力。

如果您刚开始从事学术研究，那么您可能会发现完成后文的清单很有帮助。

1.14.6　确定所需IT技能

如果您对使用本书所涵盖的技术感兴趣，尤其是以多种方式组合使用这些技术，那么您将需要一定程度的计算机知识。如果您不确定您的IT技能是否符合要求，请参阅后文的自我评估表。

1.15　确定所需设备

阅读下面的每句话，确认您是否认同。如果您的答案是否定的，考虑一下您将采取什么行动，并记下来。

陈述	是/否	我将采取的行动
1.我知道我的程序需要什么类型的计算机和其他硬件		
2.我可以使用这些设备		
3.我知道我的学习计划所需的软件		
4.我可以使用这些软件		
5.我已经检查过我是否会使用基于flash的演示文稿和材料		
6.我知道我是否能够在我自己的硬件上运行flash文稿		
7.我知道我需要网络连接，如宽带，来播放视频文件		
8.我可以使用所需的网络连接		
9.我知道自己的设备所需要的杀毒软件		
10.我可以使用该杀毒软件		
11.我的电脑可以播放声音文件		
12.我的设备配备了耳机，这样我可以在公共场所或者人多的地方收听声音文件		
13.我电脑上的软件都是最新的，所以我可以随时观看多媒体文件		
14.我知道我可以通过我所在院校或工作场所免费使用哪些设备		

下面的表格为您提供了一个汇总，用于整理这些需求，确定已经提供的，以

及您需要自己准备的。

1.16　确定所需资源

仔细阅读您的课程手册、网站和其他预先发给您的课程资料，以确定您的课程要求。填制需求清单来记录需要什么，明确学校可以提供什么，自己需要准备什么。

硬件		
要求	学校提供	自己准备

软件		
要求	学校提供	自己准备

网络连接		
要求	学校提供	自己准备

1.17　发展正确的学习技能

1.17.1　本书所涵盖的学习技能

本书的主旨不是讲授学习技能，它只能作为此类图书的补充而不是代替它们。它从技术讲解开始，并提供在学术环境中使用这些技术的指导。根据每项技术的特点，您将获得相应的策略和技能指导，如下所示。

1.17.2　学习技能与新技术

- **在学术环境中应用技术**
了解如何在学术研究中使用播客、博客、维基和社交媒体等工具。
- **您的在线形象**
管理好您的在线形象和交流内容，牢记您的兴趣所在和未来的发展方向。
- **从在线交流中获取知识**
利用技术使自己跟上专业和职业兴趣的发展。
- **参考**
了解如何在学术工作中参考电子资源。
- **时间管理**
合理分配您在网上进行研究、学习和社交的时间。

● **信息管理**

管理您发现、阅读、记录、存储并希望用于学术研究的信息。

● **合作**

在使用这些技术时，与其他同学相互支持和帮助。

1.17.3 其他所需技能

这里涉及的学习技能只是在高等教育中取得好成绩所需的更广泛的学习技能的一部分。相比之下，标准学习技能书籍则是以学生们必须掌握的各类学习技能为立足点，例如：

- 时间管理；
- 培养批判性思维；
- 完成书面作业；
- 准备考试。

它们就帮助学生培养学习技能的策略和方法提供指导。

1.17.4 我需要发展其他学习技能吗？

您可能会觉得自己的学术能力已经很强了，尤其当您已经取得优异的成绩时。然而，根据自身情况发展学习技能，您可能会受益更多：

- 如果您是刚入学的新生——每个学习阶段所需的技能都不一样。
- 如果您正从基础学位课程转入高级学位课程。
- 如果您觉得自身还有更大的提升空间。
- 如果您觉得自己在某一领域的学习技能有待提高。
- 无论您的成绩如何，您认为自己可以更有效地学习。

下文提供了高等教育学习所需的关键学习技能的清单，所需的技能在一定程度上取决于您的课程。如果这些技能与新技术结合良好、相得益彰，您或许可以轻而易举地取得优异的成绩。

1.18 找出您所需的学习技能

1.18.1 我需要发展哪些学习技能？

思维能力

□分析和综合能力

□评判能力

□批判性思维

□记忆能力

☐ 创新思维

☐ 解决问题能力

一般学习技能

☐ 为学术目的而有效阅读

☐ 合理利用讲座、研讨会和辅导课

☐ 筛选有效信息

☐ 有效地记笔记和使用笔记

☐ 制订学习计划

☐ 进行文献检索

☐ 评价文献

☐ 构思与验证假设

☐ 起草并展示您的研究成果

☐ 了解剽窃行为

☐ 正确引用参考资料

写作技巧

☐ 分析性写作

☐ 批判性写作

☐ 运用不同的学术写作风格

☐ 为不同的读者写作

☐ 撰写论文、报告和案例研究

☐ 撰写研究项目报告

项目管理

☐ 项目计划和管理

☐ 管理时间和资源

协作能力和人际交往能力

☐ 为研讨会和小组建言

☐ 参加项目小组和团队工作

☐ 接受他人的批评和反馈

☐ 提供建设性的批评和反馈

☐ 领导力

☐ 能向他人提供帮助

参与评估工作

☐ 口头汇报、公开发言以及小组报告

☐ 准备和参加考试

管理个人表现

☐ 设定个人目标和优先事项

□保持积极主动
□有效利用教师的反馈
□自主学习能力
□培养好的学习习惯
□为成功创造条件
□评估自己的表现
□做职业生涯设计以及人生规划

1.18.2　学习技能：了解更多

如果您对学习技能想要了解更多，可以参考以下图书：

The Study Skills Handbook（3rd edn，2008）

Skills for Success（2nd edn，2010）

Critical Thinking Skills（2nd edn，2011）

The Exam Skills Handbook（2nd edn，2012）

1.19　基础 IT 技能

1.19.1　所需 IT 技能

电脑硬件技能

□通过计算机或移动设备上网
□解决网络连接问题
□插入或配置计算机上的麦克风
□插入或配置计算机上的网络摄像机
□插入或配置计算机上的扬声器
□在移动设备上使用麦克风、照相机以及扬声器

软件技能

□在个人电脑或移动设备上安装和配置新软件
□在个人电脑或移动设备上进行必要的软件更新
□登录和浏览课程的虚拟学习环境
□在安全的网站创建用户名和配置文件
□加入在线讨论或聊天室
□使用文字处理软件建立文档
□使用图标或特殊功能格式化文档
□在文字处理软件中选择和复制文本
□创建和使用电子邮件账户

□ 创建和使用电子表格
□ 创建和使用演示文稿
□ 在个人电脑或者手机上保存文档

在线搜索技能

□ 查找学院或大学的图书馆目录
□ 单击网站中的链接，识别打开的新页面/选项卡
□ 使用在线搜索引擎进行基本的搜索操作
□ 通过输入网址或单击链接导航到网站

利用多媒体资源

□ 在电脑上使用媒体播放器听音频
□ 在互联网上播放视频文件

移动设备使用

□ 使用移动设备访问互联网
□ 将移动设备与电脑或在线服务进行同步
□ 有效使用移动设备导航

1.19.2　IT 技能：了解更多

如果您想要对 IT 技能了解更多，可以参考麦克米伦出版社的在线资源，里面包含专门的 IT 基本技能讲解，参见 www.palgrave.com/skills4study/studyskills/personal/it.asp。

1.20　本章小结

本章讨论了学生在使用新技术时面临的许多一般性问题，在学习后面的每一章时，都需要考虑这些因素。无论是在学校里、在工作场合，还是在日常生活中使用网络时，其中许多问题，如良好的网络礼仪、对在线形象的维护、对自我和他人的保护意识等，都是至关重要的。坚持这些原则就可以帮助自己，同时不违背法律，而且他人更愿意同您交流，并向您提供所需的信息或支持。

如果您已经频繁地使用新技术，那么您可能已经熟悉本章所涉及的许多问题，至少在一般情况下是如此。如果是这样，请记住，在为学术目的和在线学习社区使用这些技术时，将会有细微的差别。尤其是，您在网上的表现可能会被教师、雇主和其他人认为与您在学校或非正式社交场合的形象存在差异。

在本章中，您确定了自己优先发展的技能与使用新技术和改进网络礼仪相关的技能。现在，需要将这些知识应用到实际中去，制定自己的基本原则，规划创建自己进行在线交流和分享信息的方法。如果您完成了这些活动，请

学以致用，在您参与学习小组、在线讨论、博客或利用其他在线工具时积极使用。

学生们也应该掌握更丰富的学习技能和IT技能，这些技能对取得学术成就至关重要。如果您已经在学习技能方面打下了良好的基础，并与创造性地使用新技术相结合，那么您将处于一个非常有利的位置，从您的学习中获取最大的乐趣、灵活性和成功。

第2章

虚拟学习环境

学习目标

本章包含以下学习要点：

- 了解什么是虚拟学习环境。
- 了解虚拟学习环境在高等教育领域和其他方面的重要作用。
- 了解虚拟学习环境支持学术研究的多种方式。
- 思考如何利用虚拟学习环境使您的学习过程更愉快，并提高成绩。

引言

虚拟学习环境在北美被称为学习管理系统，它作为一种新型学习方式，已经被越来越多的大学、企业和其他组织所采用。无论您是一名学生，还是已经就业，都有可能使用虚拟学习环境进行学习。

由于虚拟学习环境可以根据组织自身的操作系统和特色量身定制，所以对于虚拟学习环境应该是什么样子以及如何使用它们，没有一个单一的模式。

一般来说，虚拟学习环境非常受学生和学员的欢迎，无论其针对的是基于校园、远程学习还是工作的项目。由于虚拟学习环境可以协调您学习的诸多方面，可以在您选择的时间和地点进行学习，所以非常方便灵活。

根据需要，虚拟学习环境可以为您提供一个单独的地址，方便您取得下列电子资料：

- 教师提供的讲课内容的补充材料，如课堂讲义；
- 课程的说明材料，如考核内容和评分标准；
- 学校提供的其他学习工具和资源。

本章介绍了虚拟学习环境使用的一些主要方法，以及充分利用相关设施的方法。

2.1　什么是虚拟学习环境？

2.1.1　虚拟学习环境的含义

- 通常简称为"VLE"。
- 通常是只有在课程注册的学生才能访问的在线站点。
- 由大学或培训机构提供，作为学生和学员整合信息、资源、沟通和支持的关键方法。
- 补充或替代教师与学生之间的当面交流。
- 提供自由时间自学的资源和工具。

2.1.2　虚拟学习环境的种类

目前使用最普遍的就是 Blackboard、Moodle 和 WebCT。

2.1.3　以前接触过虚拟学习环境吗？

您可能以前在学习过程中使用过虚拟学习环境——由于学习机构将其配置为与其他在线服务非常相似，您可能没有意识到这一点。您可能使用虚拟学习环境进行过一些基本的学习，例如：

- 查阅项目材料；
- 提交作业；
- 接收作业批改反馈；
- 收发电子邮件和公告；
- 在"虚拟课堂"学习；
- 模拟测试；
- 查阅有用的信息和在线资源；
- 与教师及其他学生沟通。

一般来讲，学生把虚拟学习环境看成是他们进行学习的必备工具。

2.1.4　登录虚拟学习环境

完成课程注册以后，您就会得到一个登录虚拟学习环境的用户账号和密码。

2.1.5　虚拟学习环境的组织方式

虚拟学习环境是一种灵活的工具，所以它的组织方式可以多种多样，下面列出了一些典型的方法：

- **按日期分类**：与每周课程相关的资料会集中放在一起，您可能会看到按周

（第一周、第二周）或日期（10月14—21日、10月22—29日等）命名的文件夹列表。

　　● **按教师分类**：与本课程的每一位教师相关的资料会集中放在一起。

　　● **按内容分类**：根据课程的内容不同，如"讲座""实习""教程""学习研讨"等，相关的资料会集中放在一起。

　　● **按作业分类**：与每项作业相关的资料会集中放在一起，提供该项作业的内容摘要、评分标准、阅读清单、课堂讲义、播客等内容。

2.1.6　了解虚拟学习环境

完成下面每项活动后，请在框中打"√"：

□阅读所有提供的介绍性指导和帮助

□检查在虚拟学习环境中如何组织材料

□检查在虚拟学习环境中可使用的工具

□确认虚拟学习环境主页上的帮助图标

□浏览在虚拟学习环境中可使用的材料

□试用虚拟学习环境，在正式开始工作之前，先熟悉它

2.2　如何使用虚拟学习环境

下面是使用虚拟学习环境的一些场景，您可以使用其中的一些或全部。

2.2.1　联系他人

● 论坛

● 学生内部网络

● 学生的公告栏

● 团队项目

● 学生支持小组

● 学生俱乐部或社团

2.2.2　交流

● 网络通信

● 学生讨论小组

● 项目公告栏

● 健康和安全信息

● 学生服务链接

2.2.3　背景知识

- 课程介绍
- 专业词汇表
- 课程网络技术问题或难点解析
- 实务操作展示

2.2.4　课程资源

- 完整的或编辑过的讲义，在课前或课后提供
- 实验室操作规范
- 讲座的播客
- 课堂上提及的参考资料，学生可用于自学
- 帮助面对面教学的活动设计

2.2.5　自我评估和自我测试

- 自我评价清单、测试或测验
- 教学测评，如多项选择题

2.2.6　学习资源和材料

- 教师提供的背景说明
- 资料包，如文件、报纸、书籍的摘录
- 在线工具订阅和图书馆资料更新
- 电子图书、期刊及其他材料的链接
- 相关网站链接
- 相关开源材料的链接
- 进行独立研究的材料

2.2.7　自主学习内容

自主学习是指您利用自由时间进行的学习，不是在正式教学课堂（比如讲座、实验或培训课等）上的学习，学习内容包括：

- 多媒体阅读材料
- 学习计划
- 数学难题
- 循序渐进的课下学习指导
- 初次学习时的提示、问题或关注事项等
- 学习指南、辅导活动

- 重点、难点辅导及解析

2.2.8　教师支持

如果教师愿意，他们可以为您个人或班级提供支持，使用虚拟学习环境跟踪您的进度，查看您是否使用了学习资源，是否交了作业，是否完成了既定活动。

2.2.9　常规学生信息

- 学校与学生签订的协议或其他类似文件，以及课程要求
- 适用于学生的规章制度，包括学生的权利和责任
- 关于学生团体和学生代表的详细信息
- 学校对课程学习人员的各种支持

2.2.10　常规课程信息

- 课程工作人员
- 部门联系方式
- 教学日历
- 交作业的最后期限
- 个人导师/顾问或辅导员的职责
- 如果您无法出席会议，应同谁联系
- 教室细节
- 教学大纲或项目详述（课程的官方摘要）
- 课程学习手册
- 课程评价标准

行动：您的虚拟学习环境

判断虚拟学习环境可否用于您的课程学习。如果可能，它可以辅助面对面教学吗？下面两项可以帮助您进行判断：

- 确定什么是可用的。
- 考虑如何加以利用。

2.3　使用虚拟学习环境：互动和讨论

下面列出了使用虚拟学习环境的一些关键方法，请确认您会用到下面哪一项（勾选适用的项目）。然后使用反思框来考虑如何更有效地使用每个工具来支持您自己的研究。

2.3.1 互动

☐学生制作一些与课程相关的内容，如维基网页。

☐学生登录虚拟教室与教师或同学交流。

☐提供在线活动帮助学生进行学习。

虚拟学习环境提供的其他内容：

....

....

2.3.2 更有效地互动

● 全心全意地参与，贡献材料、想法和链接。

● 认真研究材料，不要只是读读而已——研读更有助于理解和记忆材料。

● 根据您的需要和兴趣，改变节奏。互动可以改变您处理材料的速度——更快或更周到。

● 做好个人规划，充分利用参与和互动的机会实现自己的学习目标，而不仅仅是跟着感觉走，被动地接受"灌输"给您的东西。

反思
我可以做三件事来更好地利用虚拟学习环境进行互动：
1..
2..
3..

2.3.3 讨论

☐学生可以参与在线讨论。

☐学生可以发起在线讨论。

☐学生在讨论中发表意见和见解。

☐学生可以进行在线评分或评估。

虚拟学习环境提供的其他讨论机会：

....

....

2.3.4 更有效地讨论

● 每次讨论至少发言一次。

● 主动发起讨论。

● 在看别人怎么说之前，对讨论中的每一项观点都要有自己的想法——这有助于培养您的辩证思维能力。

• 即使您不同意他人的想法也要尝试提出建设性的反对意见，这也是培养思维能力的有效方式。

• 帮助总结讨论要点——这样做需要您有效地参与到讨论中，并有助于检查您是否理解了争论和问题。

反思

我可以做三件事来更好地利用虚拟学习环境进行讨论：

1. ....

2. ....

3. ....

2.4　使用虚拟学习环境：资源和评估

2.4.1　课程学习资源

□课程提供的音频文件、视频、播客、多媒体演示和其他资源。

□学生可以在网上阅读材料。

□学生可以使用课程笔记、讲义、幻灯片等课程资源。

□学生可以下载学习资源。

虚拟学习环境提供的其他课程资源：

....

....

2.4.2　更有效地利用课程资源

• 了解更新资源的频率和时间，尽早观看。

• 浏览阅读材料并思考一下为什么选择它们，以及哪些可以用于作业。

• 使用学习资源时要记笔记——这有助于理解材料内容。

• 注意不要剪切、复制或粘贴这些资源到您自己的作业中。

• 打印讲义或手稿，以便可以在其上记笔记。

• 如果课前提供了讲义，应提前研读，以帮助理解课堂内容。

• 课后使用在线讲义，以帮助澄清和加强理解和记忆。

反思

我可以做三件事来更好地利用虚拟学习环境提供的课程资源：

1. ....

2. ....

3. ....

2.4.3　评估：练习和反馈

□学生可以在课程开始和结束时参加在线测试或小测验，以确定理解程度。

□学生可以参加在线多项选择题测试，它们自动评分并提供即时反馈。

□学生可以在网上做模拟考试，并得到反馈。

□学生可以通过电子反馈在网上查看自己的作业评分。

虚拟学习环境提供的其他测试内容，以帮助提高成绩：

....

....

2.4.4　更有效地利用练习和反馈

- 尽可能多地重复参加考试，以巩固您的知识和记忆，提高考试速度。
- 花时间阅读和思考获得的反馈信息。
- 如果您的在线反馈很好，它会帮您增强自信。
- 认真对待改进建议，如果您不理解这些反馈，求助教师。
- 制订成绩提高计划，仔细思考如何在未来的学习中使用反馈。

反思
我可以做三件事来更好地利用虚拟学习环境进行评估：
1. ....
2. ....
3. ....

2.5　使用虚拟学习环境：协作和链接

2.5.1　协作

□给学生分配任务，鼓励他们协同工作以达到预期的学习效果。

□学生可以建立小组或社区。

□学生可以共享文件、互相发送消息、处理共享文档或查看共享资源。

虚拟学习环境提供的其他协作方式：

....

....

2.5.2　更有效地利用协作机会

- 熟悉工具。了解所有协作工具的用途及使用方法。

- 积极参与。即使您觉得他人的想法或行为很不错，您也要有自己的想法。
- 公平。不要只享受别人的成果，坐享其成，而自己不参与建设。分享您发现的好的资源和链接，以及使用他人提供的资源和链接。
- 不要抢风头，给别人留点空间——不必对别人的每条评论都做出回应，也不必总是第一个发表评论。
- 保持简练。即使您有很多意见和想法，也要言简意赅，不要连篇累牍。
- 自建或者加入网上学习小组，保持学习动力。自主学习通常会让人觉得孤独，同时也会让工作变得困难。

反思
我可以做三件事来更好地利用虚拟学习环境进行协作：
1.
2.
3.

2.5.3　资源链接

☐学生可以使用其他在线资源的链接。
☐学生可以使用网页、多媒体资源、学术文章等链接。
虚拟学习环境提供的其他有用链接：

2.5.4　更有效地利用链接

- 快速浏览网页链接，了解可供您使用的资源范围。
- 筛选一些资源添加到收藏夹。
- 经常整理收藏夹，时不时地浏览一下，寻找您可能已经忘记的资源，把没有用的删除。
- 阅读并使用链接——制订使用计划。
- 和其他学生讨论链接。
- 做好时间管理。如果您浏览信息时容易分心，那么规划好浏览链接的时间、什么时候停止，在结束前的几分钟，在手机上或电脑上设置定时器提醒自己，这将帮助您保持专注。

反思
我可以做三件事来更好地利用虚拟学习环境提供的在线资源：
1.
2.
3.

2.6　使用虚拟学习环境：课程信息和管理

2.6.1　课程信息

□学生可获得课程大纲、课程表及成绩评估等重要资料。

□学生可通过虚拟学习环境的公告或电子邮件获得校务管理信息。

虚拟学习环境提供的其他各种校务管理和课程信息：

....

....

2.6.2　更有效地利用课程信息

• 定期查阅信息。

• 仔细阅读教学大纲和学生手册：当需要教师给您的作业打分时，这些会给您最好的线索，让您知道他们在寻找什么。

• 阅读通知和课程材料，不要想当然地认为教师或其他人会提醒您开始日期、截止日期、规则或要求。

• 阅读所有通过虚拟学习环境发送的课程通知或电子邮件。

• 在纸上或电子记事本上详细记录您的课程和作业期限，定期更新来自虚拟学习环境的信息。

• 了解自己在阅读、理解和处理学校所提供的信息方面的责任。

反思

我可以做三件事来更好地利用虚拟学习环境提供的信息：

1. ....

2. ....

3. ....

2.6.3　在线提交作业

□我被要求通过虚拟学习环境在线提交作业。

理解需求

• 理解"截止日期"在高等教育中的含义。这意味着您必须在规定的日期和时间前交作业，除非您事先得到了延长期限的许可。

• 了解如何交作业。确保您知道如何在截止日期之前使用虚拟学习环境提交作业。

• 留出富余时间。在截止日期之前完成并提交您的作业，要充分考虑到技术上的困难可能造成的延误。

● 了解规章制度。注意，设备问题不能成为晚交作业的理由，晚交作业通常要扣分。

2.6.4　学生的评价

"我喜欢使用虚拟学习环境，这是一种很好的接收学校信息和上交作业的方式——尤其是所有事情都可以在一个网站上完成。"

"它非常好，界面友好，操作简单，便于自学。"

"把需要学习的所有资源（阅读资料、课堂讲义、笔记、电子邮件等）放在一个地方可以节省大量的时间。"

"帮助规划学习步骤，这样我就可以按部就班、无所遗漏了。"

"提供了丰富的在线资源和相关链接，帮助我整理课堂笔记的内容，并为我补充阅读相关文章和图书提供了指导。"

2.7　案例研究：学生使用虚拟学习环境的案例

萨莎是英国一所大学法律专业本科二年级学生，她所在学校为学生提供了虚拟学习环境，她几乎每天都使用它。

作为学习计划的一部分，萨莎选修了大学里的三门课：法律、商业和政治。每门课程的教师使用虚拟学习环境的方式略有不同。

"我喜欢虚拟学习环境，我需要学习的所有东西都是有用的，我唯一的愿望就是所有的教师能用同样的方式组织和安排事情！"

2.7.1　资源利用

萨莎的一些教师课前会在虚拟学习环境中提供课堂讲义，她会在上课前一天下载并阅读。她把那些资料打印出来，这样在教师讲课过程中，每当提出一个有趣的新观点时，她都能进行补充说明。她觉得这很有用，因为这能让每一组笔记看起来更清晰，便于帮助她查找并记忆这些内容。事先阅读课堂讲义为她理解课堂内容提供了很大的帮助。

"提前读讲义可以帮助我理解课程内容。如果这堂课涉及复杂的领域，因为我读过笔记，就更容易理解它们了。"

此外，萨莎还阅读了许多教师在虚拟学习环境中提供的各种笔记和总结，这些内容都是关于她当前所学课程的。它们都是通过网络链接发布的，她通常在屏幕上阅读同时在纸上记笔记，因为这有助于她保持自己的笔记简明扼要。

2.7.2 小组作业

萨莎的一项商业研究作业是一个关于市场营销的小组项目。为此，她和其他三名学生不得不推销一种虚构的新产品。她的小组能够使用虚拟学习环境中的小组工具来帮助他们进行沟通和协调。

通常，在做项目的时候，萨莎每天会查看几次小组讨论版上的更新内容。如果她所在小组的其他同学发布了更新，她就会对这些内容进行评论，如果需要的话还会询问更多细节。她发布了自己的新帖子，让小组成员了解她在周末为这个项目所做的工作，询问每个人是否同意项目进展的方向，征求意见，并详细说明还需要做什么。

"虚拟学习环境中的小组工具对这个项目很有帮助，我们可以很容易地保持联系、分享我们的想法，它比随时发送文档要好得多。"

2.7.3 虚拟教室

萨莎所学一门法律课程的教授正在参与一个国际研究项目。有一周，当她的课程已经排好时，教授不得不去国外，所以他安排通过虚拟学习环境进行授课。为此，萨莎提前登录了虚拟学习环境，进入"虚拟教室"。教授和她的一些同学已经上网了，萨莎用聊天功能做了自我介绍。教授使用视频工具与小组成员交谈，并在虚拟白板上写板书。在课堂上，学生可以点击一个图标来表示他想要发言，而不是"举手"。

"这个视频直播讲座非常成功，我不仅可以和其他学生在线聊天，而且可以在课后再看一遍视频，这对准备考试很有用。"

2.8 在线测试

2.8.1 网上测验和其他练习测试

您的教师可能要求学生进行在线测试、自我评估和练习测试，以帮助您：

- 检查自己的理解能力。
- 从不同角度复习材料。
- 帮助准备结业考试。

通常，这些考试和测验：

- 尽管可由单独的软件生成，但通常由虚拟学习环境提供。
- 形式一般为多项选择题，可以自动评分，直接给出结论。

2.8.2　当作真正考试对待

• **充分重视**。像参加真正的考试一样对待，留出时间来复习，然后在尽可能接近正式考试的条件下完成。

• **选择合适的环境**。选择一个您可以一口气完成测试的地方，没有干扰和中断。

• **设定一个开始和完成测试的时间**。严格遵守时间设定，时间一到马上停止。这将有助于您在考试时进行时间管理。

• **聚精会神**。如果您选择正确的环境，认真对待，您会更容易集中精力，您也可以了解自己对真正的考试有多大把握。

• **仔细阅读问题和说明**。认真阅读每一个问题的每一个单词，而不是随意浏览整段话。在网上浏览是很诱人的，所以当您在屏幕上阅读时，要注意自己的阅读习惯，并调整那些对考试毫无帮助的阅读习惯。

• **划重点**。把您觉得需要更透彻学习的地方记下来。

2.8.3　有效利用反馈

如果测试后提供反馈意见，那么看看您在哪里丢了分，计划如何避免在真正的考试中同样失分。注意您在哪里：

• 知识匮乏；

• 理解错误；

• 马虎犯错；

• 回答跑题；

• 误解考试说明；

• 其他类型犯错。

2.8.3　重复练习

如果允许重新测试：

• 确定您被允许重做的次数，这样您就不会浪费练习的机会。

• 如果可以的话，把反馈打印出来，注意您每部分的分数和犯错的地方。

• 复习正在测试的课程材料，直到您有信心理解并能记住为止，然后再做一次测试。

• 比较每次尝试的结果，以检查您在哪些方面有改进。如果一些地方仍有问题，在进行测试前尝试找一种不同的方法进行课程复习。

• 如果您的练习分数很低，没有提高，那就寻求帮助。

<table>
<tr><td>

反思：在线测试

考虑一下您是如何使用在线测试的，例如：

- 您对待它们认真吗，就像对待真正的考试一样？
- 您是否会抽出时间根据反馈意见来提高自己对课程内容的理解？
- 您怎样才能更好地利用网上的练习和测验呢？

</td></tr>
</table>

2.9　有效利用在线反馈

许多教师在虚拟学习环境中要求学生上传电子作业，这是现在普遍的做法，并且很有必要，因为教师可以：

- 使用软件快速方便地检查上传的作业有没有剽窃和抄袭行为。
- 在线评分并提供电子反馈（这样做的另一个好处是可读性强）。
- 把反馈意见与学习成果或作业评分更紧密地联系起来。
- 为所有学生的作业建立档案。

2.9.1　什么是电子反馈？

电子反馈可以采取多种形式，例如：

- 针对某些错误，虚拟学习环境自动提供标准化的评论。
- 教师提前准备多套评论方案，根据学生作业的质量以及可以改进的地方择一提供。
- 在学生提交的论文、报告或其他书面作品中插入详细的评论。
- 作业或考试问题的音频或视频反馈。

2.9.2　详尽的电子反馈

根据虚拟学习环境的不同，教师可以：

- 在文字作品中添加注释，就像在 Word 文件中插入注释或跟踪更改一样。
- 在作业的结尾处提供一份评论清单。
- 为作业提供全面的反馈意见。

当作业返还时，应该同时附带评分和反馈意见。

2.9.3　电子反馈使用方法

保留副本

下载您的评分作业并保存一份。把它放在容易找到的地方，以便下次使用，比如：

- 建立专用的文件夹，用来存储所有的反馈意见。

- 建立专用的文件夹，用来存储您下次做作业要用的材料。

认真思考反馈意见

务必重视书面反馈和您的整体成绩，许多学生只关注分数或作业等级，而错过了思考如何利用反馈来提高未来作业成绩的机会。

记下思考反馈的心得

- 记下反馈中您觉得特别有用的地方。
- 思考如何将其应用到未来的作业中，这使您更有可能真正接受反馈的建议，并将其加以应用，从而产生更好的作品，获得更高的分数。
- 将这些笔记和想法与反馈一起存储。

跟进您不理解的反馈

如果您即使经过一段时间思考以后，仍不能真正理解反馈，联系课程负责人，其应该能够帮助您，或者帮您找到评分的教师。

制订反馈使用计划

- 在开始下一项任务之前，重读反馈和笔记，据此来改变您完成任务的方式。
- 在完成和上交作业之前，再次检查反馈和笔记，确保充分利用了之前的反馈。
- 比较您收到的每一份作业的反馈，看看您有没有什么方法可以突显您的优势，以获得更高的分数。

2.10 使用讨论版学习

2.10.1 什么是讨论版？

讨论版是在线网站，使用起来简单方便。您可以通过发布或回复信息来生成或参与对话或辩论。

2.10.2 讨论版的相关概念

- **话题**。讨论按照主题展开，每个主题称为"话题"。例如，每节课都有一个话题，允许学生在讨论版的一个单独区域内讨论。
- **帖子**。帖子是讨论版上的信息，它可以是话题中的第一条消息，也可以是对消息的任何回复或评论。
- **回复**。它是您在讨论版上回复信息的方式，很像回复电子邮件，只是回复将对所有成员可见。
- **版主**。有些讨论版有"版主"，这意味着教师或管理员可以监督讨论、鼓励新的辩论方向，并确保遵守网络礼仪。

2.10.3　虚拟学习环境中的讨论版

讨论版可以包含在虚拟学习环境中，也可以与虚拟学习环境分开，并且可能仅限每门课程的学生和工作人员参与。如果您的课程使用讨论版，您通常可以：

- 发起新的讨论；
- 问一些您感兴趣的问题；
- 向其他同学寻求帮助和支持；
- 回答他人提出的问题和意见；
- 帮助建立关于话题的对话；
- 把讨论引向一个新的方向。

2.10.4　支持和管理

讨论版支持学生互相提问，帮助彼此澄清对课程材料的理解、解决模块或课程的管理难题。

2.10.5　常见问题

您可以选择使用讨论版发布关于课程材料、评估或管理的问题。课程上的所有学生都能看到问题和答案，所以所有人都能从给出的建议中受益。如果您的课程有一个常见问题讨论版，定期查看它可以了解最新的课程资讯。

2.10.6　在工作中使用讨论版

讨论版对工作或实习的学生也有帮助。在开始实习之前，检查一下学校是否为您提供了一种与教师和其他人保持联系、分享经验和提问的方式。

行动：参与讨论

- 查看讨论版的更新；
- 在您的虚拟学习环境中的讨论版上发布一个新帖子；
- 就现有的话题发表评论；
- 评论其他学生的帖子。

2.11　使用讨论版做作业

2.11.1　使用讨论版的任务安排

教师可能会要求您使用讨论版作为个人或小组作业的一部分，从而可以：

- 为您个人的评论打分；

- 奖励您对讨论版的贡献。

通常，为了取得好成绩，您应该：

- 积极参与辩论，如果可能的话，新建一个讨论话题；
- 参考权威材料，以使您的发言更具有说服性；
- 阅读并评论他人的发言，总结他们的观点；
- 提供有用的、建设性的意见，支持和鼓励他人；
- 在主导辩论和不积极发言之间找到一个平衡点。

当评价讨论版的帖子时，通常会依据以下信息：

- 发言与话题的相关性；
- 思考的严谨性和洞察力；
- 文字逻辑的严密性；
- 解决问题的论据；
- 创意的新颖性和实用性；
- 对细节的关注度；
- 对主题理解的深度；
- 对他人的思想和建议的开放性。

案例研究：解决问题

任务

利兹是一名地质学专业的学生，她参加了一个小组作业，为一家公司在新地点的建筑规划写一份地质报告。他们的报告将以该公司近年来的实际报告为蓝本。教师向每一组学生提供报告，并指导他们使用哪些资料来源作为背景资料。作为作业的一部分，学生们需要在虚拟学习环境中的讨论版上发表他们的意见，这也是成绩评估的一部分。

明确任务的性质

利兹开始阅读提供的材料。一开始她使用讨论版确定他们要做什么，同时还要为小组的其他成员解释任务概要。有时候，她能了解到小组成员对材料的不同理解，讨论版有助于理清思路，并找出他们想与教师讨论的问题。利兹总结了这些问题并向教师请教，教师能通过虚拟学习环境对整个小组回应。

利兹和其他小组成员每天使用讨论版交流当地的数据、地图和公司的计划，后文提供了部分讨论的摘要。

讨论版对利兹所起的作用

"我发现讨论版的这些帖子很有用，可以帮助我清晰地思考……对我帮助最大的不是关于技术问题的讨论，而是发现了一些我们整体报告中遗漏的重要内容，这些内容在我们的讨论中被提出来——如果报告针对的是一家真正的企业，遗漏的重要内容可能会导致报告毫无价值。"

2.12　案例研究：讨论版话题

话题

汤姆：他们为什么要我们这么做？我们还没学过这些东西呢！

项：我们正在查看地基，看公司是否可以在原有的建筑基础上加盖一些设施。用这些大石头建造怎么样？

苏尼提：这就是地质调查的目的吗？我们是否会偏离主题？

利兹：也许吧。但对公司来说，考虑到这一点是有好处的。它可以增加报告的价值吗？

苏尼提：总的来说，这可能是个好主意，但是"客户"是一家建筑公司，所以他们应该知道这一点，不是吗？他们可能会觉得我们在居高临下地驱使他们！

项：是的，但是他们不知道原材料价格下降了吗？那就是我们的报告应该展示的内容……

汤姆：有没有人看过他们的计划，知道他们想要的原材料价格下降了多少吗？

利兹：说得好！我们必须考虑建筑成本。关于这一点，实际上，我一直在阅读《北欧地质调查报告》，它有一章很好的内容，关于根据地质调查来决定土地用途的。这让我想到了一系列其他我们应该考虑的事情，比如在这片土地上修建房屋的成本是否会比在其他地区修建房屋的成本高得多。即使他们能做到这一点，他们也可能认为建筑成本太高。

汤姆：我有点弄不明白了。

利兹：我这里引用一下原文，"施工过程的总成本在最初阶段是固定的，在这个阶段，基于地质状况的土地利用规划可能会大幅降低施工成本"。

2.12.1　对上述讨论的评论

请记住，教师很可能正在阅读您的评论——包括任何愤世嫉俗的言论。

即使他们不完全同意对方的观点，学生们也会建设性地承认对方的观点。没有人的想法会不经考虑就被抛弃。

苏尼提表现出了对客户的良好了解。这一点很重要：即使您的教师是唯一会阅读报告的人，他们也会关注客户关注的问题。

利兹通过引入一个新的资源，拓宽了团队的思路。这是一个高质量的信息源，它提出了一些新的问题供小组考虑。

这里的学生已经很好地利用讨论版来尝试各种想法，并反复地对这些想法进行完善。在这样做的过程中，他们提出了一些重要的问题：地质学家需要考虑什么，地质报告应该包含什么，以及在他们的职业生涯中可能需要与之合作的其他专家的角色。

利兹把小组成员带到了项目直接相关的调查部分。汤姆的语言听起来比较消极，这可能会让其他人感到沮丧。然而，当汤姆迷路时，他的语言也会帮助大家思考，因为在网上，您不知道是否每个人都清楚旅行的方向。

话题

项：可能是这样，但这是我们的工作吗？

汤姆：我们是把成本计算在内，还是只提供地质信息，然后让客户自己的工程师和会计师计算成本？

利兹：我会把这个问题加到我们和教师在线答疑的问题清单中。

苏尼提：这些听起来都很好，但是为什么不先看看我们作为模板的报告呢？我现在就去看，然后再回来向大家报告，这可能比等待答疑要快。

汤姆：我想起来了，我们可以通过图书馆使用学术搜索，我正在使用它寻找一些网站的地图和照片。当我刚看到咱们的报告时，我确实不太明白，但现在我知道我该做什么了……

项：汤姆，您说的对，非常棒，我也会去看看的……

汤姆：您能搜索全文吗？搜索的关键词可以考虑：大型设备、重型卡车，另外看一看有没有推荐的路线……

利兹：谢谢您，汤姆。我再问一句，您指的是场地东面的可溶岩区域吗？

汤姆：是的!!!

项：材料从北部运过去怎么样？这是一条较长的路线，但更具有可行性，让我们把调查延伸到那个方向。

2.12.2　对上述讨论的评论

重要的是，汤姆确实在继续努力，他希望找到一种不同的方式来理解这个问题，而不是指望别人接过他的担子。他的问题可以帮助小组成员澄清他们对项目的职责。

利兹很好地维护了一个问题清单——这些问题能帮助小组更有效率，这也意味着教师可以从一个地方快速地看到学生们在做什么。

苏尼提在这方面做出了非常有益的贡献，鼓励团队自力更生，而不是依靠教师。

请注意，这里的教师并不是直接来帮忙的——他是在给学生们自己解决问题的空间，就像他们在今后的工作中需要做的那样。

所有的学生都很擅长主动去查找信息、提出建议，或者寻找能强化自己想法的材料。

像汤姆那样用不同方法展示材料有助于理解晦涩的话题，和小组成员分享话题也有助于拓展自己的思路。

学生们认真研究了这个任务并使用了一系列的资源和方法，结果他们提出了一个全新的角度，从而非常可能获得高分。

2.13　本章小结

您的课程很可能会使用虚拟学习环境，作为授课的关键工具或其他教学方法的补充。您可能会发现，虚拟学习环境整合了部分或全部学习资源、管理和学习支持。由于虚拟学习环境是大部分课程的关键工具，所以值得您花费时间来思考：

- 您的课程中是否有虚拟学习环境；
- 虚拟学习环境的用途；
- 虚拟学习环境如何发挥作用；
- 使用虚拟学习环境的频率；
- 虚拟学习环境为您提供了哪些可选资源和工具，以及如何使用这些资源和工具。

自己决定：

- 您更愿意结合虚拟学习环境使用哪些设备；
- 您更喜欢在虚拟学习环境中使用哪些资源；
- 如何结合这些特点，使之适合您的个人风格和环境。

每一课程都提供了诸多学习计划，无论它们是否通过虚拟学习环境来实施，您都要充分加以利用。例如，充分利用在线阅读材料、在线教学活动、讲座和教学笔记为考试做准备，充分利用自我测试、教师的反馈和与其他学生的合作。

需要特别指出的是，作为学生，您一定要充分重视教师反馈和在线测试，务必学有所得。这是一种非常宝贵的方法，可以确保您正确地理解了课程的需求，并将所学知识学以致用。

第 3 章

管理在线学习信息

学习目标

本章包括以下学习要点：

- 了解如何有效地搜索完成作业所需的资料。
- 找到适当的学术材料来源。
- 找到辅助学习工具，如自动搜索，并为您的作业写参考资料。
- 了解信息管理工具如何促进学习小组协同工作。
- 使用 YouTube（视频分享网站）作为学习资源。
- 思考如何制作高质量的作业所需视频，并根据需要将这些视频放到 YouTube 上。

引言

虽然大多数学生已经熟练使用搜索引擎（如谷歌、雅虎或必应等）搜索互联网上的信息，这对利用互联网进行学术研究也很有帮助，但是为完成学术研究任务而搜索、识别和使用高质量材料，挑战依然巨大。

本章着眼于鉴别什么是学术用途的高质量材料，提供相关搜索策略，以帮助您找到所需的材料。

本章着重讲解下列工作：

- 使用布尔运算符进行在线搜索，包括限制和过滤搜索结果，访问文献数据库和数字资源库。
- 自动搜索并将结果直接提供给您，以方便学习。
- 汇总新闻资讯。
- 管理学术参考文献，以便在作业中使用。
- 使用在线工具共享小组作业信息。
- 利用视频材料。

3.1 自我评估：什么对我有用？

就下列每项陈述：

（1）勾选那些您认为需要知道的事情（要求学生必须了解的选项已勾选）。

（2）勾选那些您想了解更多的事项，要么是因为您觉得有必要了解，要么是因为您觉得这会让您的学习更有趣或更有效。

陈述	（1）需要知道的	（2）想要了解的
1.理解学术研究中管理信息的挑战	√	
2.理解如何分辨材料的学术质量	√	
3.理解"同行评审"的意义	√	
4.了解网上高质量材料的主要来源		
5.了解使用互联网进行学术研究的利弊	√	
6.了解如何制定搜索策略		
7.限制和扩展搜索的能力		
8.了解如何使用布尔运算符		
9.了解如何利用文献数据库		
10.了解如何利用数字资源库		
11.了解自动搜索的优点		
12.了解参考文献管理工具		
13.使用工具进行信息存储以方便查找		
14.使用工具和其他学生分享信息		
15.使用书签标记网页及信息		
16.使用谷歌工具帮助开展研究		
17.阅读案例了解其他学生如何使用工具		
18.使用 YouTube 获得教育资源		
19.使用 YouTube 制作视频完成学术作业		

3.2   管理信息的步骤

3.2.1   挑战的本质

管理学习信息可能是一个挑战，因为：
- 可供选择的材料很多，远远超过您的阅读量；
- 并不是所有您能找到的材料都适合学术研究。

如果您知道以下几点，将会大有裨益：
- 正在寻找什么类型的信息；
- 找到包含所需信息的网址；
- 查找信息的方法；
- 帮助过滤和保存信息的工具；
- 作为一名学生，您可以使用什么来帮助您获取所需的信息。

3.2.2   明确任务

开始搜寻之前，您的首要任务是：
- 仔细阅读任务简介，确保您尽可能准确地理解您要找的是什么；
- 寻找关键术语和日期的线索，帮助您尽可能简洁地定义在线搜索，这将为您以后节省大量的时间。

3.2.3   选择质量合格的材料

为确保您的资料在学术用途上来源可靠，应注意以下两点：
- 了解同行评审材料的重要性；
- 在挑选图书阅读时，要培养自己一种能找到所需知识的能力。

3.2.4   出处和工具

为了使搜索更有可能获得质量可靠的资源，您可以：
- 利用一些重要的出处获取一般学术信息和您的专业信息；
- 使用工具帮助您完成查找、存储和使用信息的各个阶段。

3.2.5   方法

有一些技术方法可以帮助您进行有效的搜索，避免在无用信息上浪费时间。特别是，知道如何：
- 限制您的搜索，这样您就不会被无用或无关的材料淹没；
- 扩大搜索范围，这样如果还没有找到您要找的东西，您就可以继续走得更远；

● 组合使用布尔运算符，以便有效地限制和扩展搜索。

3.2.6　存储与检索

一旦找到了所需的信息，下一步就是标记或存储这些信息，以便在需要时可以轻松地再次检索。这可以通过下载到您的硬盘或其他存储设备，给自己发电子邮件、书签或标签等方式做到。

3.2.7　与其他学生分享

您可能被要求参加协作小组，或者，您也可以组建一个学习小组，在那里您可以分享优秀的资源，有些工具可以帮您做到这一点。

3.2.8　引用来源

还有一些工具可以帮助您检索信息，以便在您为学术作业编写参考资料时方便地使用。

3.3　查找合格的材料

判断材料的学术质量并不总是那么容易。如果您使用期刊文章，它们可能是高质量的材料，因为这些文章往往经历过同行评审。对于书籍，您需要寻找其他质量评判指标，如后文所示。

3.3.1　什么是同行评审？

"同行评审"是指学科专家对一项研究成果进行评估，以决定该研究成果是否应该发表，并指出潜在的错误、不一致或混淆之处，以便在发表前加以解决。这个过程并非绝对正确。同行评审不能保证信息的准确性，但高水平的审查有助于确保材料准确、清晰、经过充分研究和原创。

3.3.2　同行评审期刊

在优秀的专业期刊上发表文章难度很大，所以只有最好的研究成果才有可能如愿。期刊会邀请专家来检查和挑选文章——也就是说，通过同行评审的流程筛选文章。

这样的研究论文经常处于研究领域的最前沿，尤其是对于本科生来说。因此，关于相关研究的评论、摘要和通讯，通常也可以在期刊上找到。这些文章都是经过缜密的编辑后发表的，开拓了研究的视野，并提供了观点如何被同行接受的方法。

3.3.3　如何找到好期刊？

教师会在课程中介绍知名的期刊，使用以下方法也可以帮助您找到此类期刊：

- 当您发现一本新期刊时，使用期刊排名工具查找它在专业领域内的排名。
- 查看期刊文章末尾的参考文献列表，确定被频繁引用的其他期刊。
- 点击所阅读文章的链接，搜索相关文章。
- 查看文献数据库里推荐的"相关文章"，检查这些文章是否发表在知名期刊上。
- 搜索所选文章作者的其他文章。
- 使用文章的关键词进行搜索。
- 查看文章中引用了哪些文章（许多文献数据库会列出这些，或者您可以使用引文索引工具）。

3.3.4　如何鉴别图书的质量？

在您精通本专业知识之前，要鉴别一本书的学术质量优劣难度很大，要综合考虑以下因素：

- 参考文献的数量和质量。
- 本书是否引用原始资料或数据。
- 作者在该领域的声誉。
- 在知名的期刊上是否对该书或作者进行过评论。
- 作者的资历。
- 作者是否受雇于学术机构或同等专业机构。
- 如果本书是丛书中的一本，那么丛书或丛书主编的声望如何。
- 教师、其他图书或知名期刊的文章，对本书作者的作品给予了积极的评价并加以引用。

3.3.5　学生查找资料的评论

"在第一学年，我使用能在谷歌上找到的所有相关资料……我很快就意识到，更明智的做法是主要依靠知名期刊来完成作业。"

"我在浏览器上使用书签，用来建立我的数据库，以便查找期刊文章。"

3.4　在线查找学术材料

作为一名学生，当您查找用于学术研究或作业的信息时，请从以下地方入手。

3.4.1 图书馆目录

通常，您可以在任何能上网的地方使用您的图书馆目录。它会帮您找到：

- 图书馆内的图书，或在线电子书，或通过馆际互借方式借阅的图书。
- 保存在图书馆或网上的期刊文章。
- 博士论文，其中一些可能已经数字化。
- 图书馆订阅的纸质和网络版杂志、报纸。
- 特殊收藏，如日记、信件、印刷品、照片、绘画、海报和个人文件。

大学图书管理员可以就如何完成一项学术任务提供很好的建议。

3.4.2 搜索引擎

搜索引擎可以帮助您在进行学术研究时找到有用的背景信息，有关在因特网上搜索学术信息的讲解请参见下文。

谷歌学术搜索（网址：scholar.google.com）可作为一般的在线研究搜索引擎，这种搜索可搜寻来自期刊、出版商和其他有效来源的学术文章。

3.4.3 文献数据库

这些数据库可以帮助您搜索期刊和报纸文章、会议记录、报告、政府和法律出版物、专利和图书。文献数据库的种类繁多，可以是覆盖面很广的，如www.webofknowledge.com，也可以是更专业、更具有学科特性的，如医学和生物医学数据库pubmed.com。

您可以从学校的图书馆网站访问这些数据库。

3.4.4 主题网关服务

这些都是专门的、主题特定的网站，可帮助您找到该主题内详细的相关信息。它们由专业人员维护，并由学术人员验证，因此您不用担心信息的质量。

您可以通过图书馆网站找到与您学习相关的主题网关列表。

3.5 使用互联网进行学术研究

3.5.1 互联网搜索的利弊

优点

- 能搜索到大量的信息——如果花费的时间足够长，您可能会发现一些相关的东西。
- 多种搜索引擎可以帮助搜索、限制和过滤结果。

- 信息来自世界各地。
- 资源的格式多种多样（如文本、图像、视频等）。

缺点

- 任何人都可以在互联网上发布未经验证的信息。
- 信息可能不真实或难以核实。
- 信息可能过时。
- 信息可以随时在互联网上被更改或删除。
- 信息内容可能带有一定的偏见，而且这种偏见非常隐蔽，难以觉察。

3.5.2 有效搜索的技巧

搜索引擎

当使用像谷歌、谷歌学术、雅虎或者必应这样的搜索引擎进行互联网搜索时：

- 综合使用关键词、布尔运算符和日期范围来限定搜索。
- 确定您希望得到的搜索结果是网页、新闻、图片还是视频。
- 在搜索结果中去除"赞助商链接"和"广告"——这些可能不是客观的信息来源。
- 仔细阅读链接的标题、网址和预览后，再选看搜索到的结果，而不是点击每个结果。

3.5.3 评估网站

使用任何在线资源时，请参考以下提示确定材料的质量。

权威性

这是一个由学科专家撰写的、声誉良好的信息来源吗？查找原始文章的参考资料、作者信息和相关链接。

客观性

网站上的信息读起来是公平和中立的吗？考虑作者的潜在动机，还要考虑网址的类型，因为这可以让您了解该网站是声誉良好的，还是特定领域的。例如：

- 网站后缀为 org（非营利组织，如慈善机构）；
- 网站后缀为 gov（政府网站）；
- 网站后缀为 ac、uk 或 edu（学术或教育机构）；
- 网站后缀为 com、net 或 co.uk（公司或商业网站）。

相关性

信息是否集中于您的需求：示例、地点、人口、时间范围等？它的定位是否适合高等教育研究？

时效性

这些信息是最新的吗？检查网站最近更新的日期。网站最近没有更新吗？如果是这样，这些信息很可能已经过时了。

3.5.4　鉴别能力

不可避免地，您会在网上发现一些不准确的信息，所以您必须能够识别出这些信息，并避免在作业中使用它们。您应能够习惯于从中筛选出一些有效的信息。

3.6　缩小或扩展在线搜索

3.6.1　高级搜索

您可以通过点击主页上的"高级搜索"按钮，在谷歌中进行高级搜索。这使您可以通过多种方式优化您的搜索——您可以将搜索内容限制在以下信息：

- 特定语言。
- 具体日期之间。
- 一定的专业水平。

您可以决定您正在搜索的单词或术语是否出现在：

- 网页上的任何地方。
- 只在网页的标题。
- 各种其他位置。

3.6.2　谷歌学术搜索

当搜索学术资料时，您可能会发现使用专用搜索引擎（如谷歌学术搜索，网址 scholar.google.com）更有用。使用此功能，您可以在以下一个或多个类别中搜索，从而优化结果：

- 关键词。
- 作者。
- 日期。
- 以上内容组合。

关键词优化搜索

您可以选择搜索包含以下内容的文章：

- 一个词：蜘蛛。
- 多个词：蜘蛛、寡妇、黑色。
- 复合词：黑寡妇蜘蛛。

作者细化搜索

您可以通过以下几种方式搜索作者：

- 姓：Smith。
- 包含姓名首字母：FR Smith 或者 F Smith。
- 多个作者：Philips，Hogg，Smith。

提炼日期搜索

您可以搜索已发表文章的时间范围：

- 一年内：1975 年。
- 一段时间里：2000—2010 年。

限定领域搜索

您可以选择只搜索特定领域的文章：生命科学、商业、科学、工程、医学、社会科学、艺术和人文。

3.6.3　使用布尔运算符

当把"或""非""和"用于限制和扩展搜索时，它们被称为布尔运算符。在一些工具中，包括谷歌学术搜索中，搜索结果会有所不同，如：

- 在搜索查询中是否使用这些单词；
- 是否使用大写字母。

3.6.4　布尔运算符搜索结果差异

"或"搜索：蜘蛛或昆虫或食肉的

因为搜索包含这些项目中的任何一个，所以这种搜索方式将会显示数量较多的搜索结果。

"非"搜索：昆虫非狼蛛

当排除包含这些单词或短语的条目时，这种搜索方式得出的搜索结果较少。然而，您会发现这种方式不总是有效——也就是说，您可能会发现搜索结果的数量并没有减少，并且搜索仍然检索包含该术语的项。

"和"搜索：黑寡妇和蜘蛛

当每个条目都需要包含"蜘蛛"和"黑寡妇"时，这种搜索方式得到的结果更少。

3.7　搜索策略的影响

根据研究策略的不同，您得到的搜索结果可能是海量的，也可能是精炼的。以下的搜索结果是 2012 年 2 月 17 日通过谷歌和谷歌学术搜索获得，它说明了一个好的搜索策略，加上使用谷歌学术搜索，如何产生精确的搜索结果。

策略	使用谷歌搜索结果	使用谷歌学术搜索结果
"或"搜索：蜘蛛或昆虫或食肉的	21亿	135万
单词查询：蜘蛛	4.95亿	67.2万
"或"搜索：黑寡妇或蜘蛛	5 100万	16.7万
"和"搜索：黑寡妇和蜘蛛	1 210万	3.14万
"非"搜索：蜘蛛——黑寡妇（注意：如果您不使用高级搜索选项，就需要在被排除的单词之前加上破折号）	130万	2 820
搜索黑寡妇蜘蛛的毒液解毒剂对孩子有效性的研究		
关键词组合：蜘蛛、黑寡妇	890万	2.72万
确切的词组：黑寡妇蜘蛛	94.6万	2.73万
每个词语：蜘蛛、昆虫、食肉的	130万	1.07万
关键词组合：黑寡妇蜘蛛卵	31.5万	2.03万
关键词组合：蜘蛛、昆虫、食肉的、毒液	65.5万	1 500
关键词组合：蜘蛛、昆虫、食肉的、毒液、期刊、昆虫学	3.7万	258
关键词组合：蜘蛛、昆虫、食肉的、毒液、期刊、昆虫学、致命性	2.74万	69
关键词组合：蜘蛛、昆虫、食肉的、毒液、期刊、昆虫学、致命性、解毒剂	8 700	14
关键词组合：蜘蛛、昆虫、食肉的、毒液、期刊、昆虫学、致命性、解毒剂、对儿童的有效性	5 410	11

3.8　搜索策略进阶

　　从上文的表格中可以看出，根据您的研究策略，您可能会得到数亿个结果，也可能只有寥寥几个。如果您在早期就设计一个有效的搜索方案，那么您的时间显然会得到更好的利用。

3.8.1 思考您的策略

下面的例子说明了使用谷歌学术搜索的研究策略如何帮助或阻碍您查找相关信息完成作业。作业是关于在英国对儿童进行免疫接种的意义方面的：

- 搜索"免疫接种英国"，可查询到超过 35 000 篇文章，数量太多而无法使用。
- 加上 MMR 疫苗作为关键词只能将文章数量减少到 7 300 篇。
- 把搜索范围限定在生物学和医学领域，结果文章减少到 3 400 篇。
- 谷歌搜索展示了 MMR 免疫计划在英国于 1988 年推出，限定搜索范围在 1985—1995 年，文章减少到 206 篇。
- "非美国"作为关键词（在结果中搜索）使文章减少到 58 篇。

如果一开始您准确定位核心任务，就可以节省时间和精力：

- 覆盖哪种类型的免疫接种。
- 时间跨度——更短的时间跨度会进一步减少您的搜索结果。
- 排除英国以外地区。
- 关注特定的方面，如死亡率或特定的年龄组。

这种搜索策略也许不能立即提供您需要的内容，但是应该可以提供足够的相关文章来跟踪更有用的关键词、作者和日期，以便进一步进行高级搜索。一旦创建了高级搜索，您就可以使用电子邮件提醒功能接收搜索结果。随后，您可能需要根据所找到的信息扩大搜索范围。例如，MMR 疫苗的安全性在 1998 年开始的一场争议中受到质疑，而上述搜索没有捕捉到这一点。

3.8.2 厘清搜索内容

您对想要找到的东西越清楚，就越容易进行搜索：

- 您真正想要的和所需的内容。
- 只要您想要和需要的内容。

在您开始搜寻资料之前，有必要停下来思考一下：

- 您到底想找到什么。
- 如果以非结构化的方式搜索，还可能检索到什么。
- 如何避免检索到堆积如山的无用信息。

3.8.3 高效搜索策略

1.使用专为学术研究而设计的工具，而不是通用的工具——例如谷歌学术搜索，而不是谷歌。

2.使用专门为学术目的而设计的知识库和数据库，并选择那些与您的专业相关的。

3. 充分利用教师的指导，从您所在领域著名学者的文章中引用参考资料。

4. 在开始工作之前，先想清楚您想要什么。

5. 如果您正使用一种新的搜索引擎，尝试使用不同种类的搜索来测试哪种策略可获得最佳的搜索结果。

6. 使用布尔运算符和组合关键字搜索来限制搜索结果的数量——如果您找不到您想要的结果，再扩展搜索范围。

3.9 文献数据库

3.9.1 文献数据库示例

很多文献数据库能帮助您搜索期刊文章，例如：

- **网页知识**

搜索范围广泛的学科，包括科学、医学、社会科学、艺术和人文。

- **生命科学期刊/文献数据库**

生命医学，包括医药学。

教师会指导您进入与专业相关的文献数据库。

3.9.2 如何在文献数据库中进行搜索？

您可以根据所需的内容，在文献数据库中进行不同类型的搜索：

- **关键词搜索**：使用相关术语查找感兴趣的文章。
- **作者搜索**：搜索此作者所写的全部文章。
- **期刊搜索**：搜索特定期刊上发表的所有文章。

3.9.3 限定您的搜索

为了限制搜索结果的数量，并使搜索集中于相关项，您可以通过以下一种或多种方法进一步细化搜索。您可能需要执行一个高级搜索来使用它们：

- **出版日期**：明确搜索的时间范围。
- **布尔运算符**：使用"和""或""非"来限制关键词的搜索。
- **学科**：在通用数据库中，可以通过指定学科领域来限制或扩展搜索。
- **文章类型**：只搜索期刊、评论、图书、报纸等。
- **语言**：只搜索特定语言的文章。
- **文章选项**：通过访问提供免费全文的选项来限制搜索。

一旦您搜索获得了数量适当的文章，您就可以浏览这些文章摘要并决定要认真研读哪些文章。

3.9.4 如何获取全文？

当您发现一篇感兴趣的期刊文章时，检查一下您是否能阅读全文。根据您所在院校的规定，您可能可以免费阅读一些期刊文章。

- 如果您想在网上阅读图书馆订阅的文章，请使用您所在院校的账号登录。
- 如果您发现一篇您想读但无法在线阅读的期刊文章，检查一下您的图书馆是否有纸质文本，或者是否可以通过馆际互借系统查阅。
- 如果您觉得值得的话，也可以付费购买版权。

反思：进行更好的搜索

找一个您已经搜索过的任务，使用多种方式重新搜索。

- 您觉得哪种方式最容易使用？
- 哪种方式提供了最好的资料？
- 您以前没有搜索到的好材料，这次是通过哪种方式找到的？

3.10 数字资源库

3.10.1 数字资源库中的资料

各大学和机构正在建立数字资源库，通常包括：
- 数字化版本的图书、印刷品（如报纸）、各种论文。
- 多媒体资源，如图像和视频。

因此，每年都有更多的资源可以在网上获得，而传统上，这些资源只能在图书馆中复印获得。

3.10.2 访问和搜索数字资源库

许多数字资源库可免费访问和搜索——前提是您需要先进入数字资源库。利用网络搜索并不一定能找到需要的资源，这时数字资源库一般总能派上用场。

3.10.3 使用来自数字资源库的信息

在使用数字资源库时，请检查源文件的真实性。大多数数字资源库都是由大学或学术机构管理的。使用来自数字资源库的内容必须像其他来源一样规范引用，并且可能受到版权限制。

3.10.4　数字资源库示例

全球数字图书馆（百万藏书）：www.ulib.org

这家数字图书馆正在将纸质图书进行数字化处理，并计划在未来10年内在线提供1 000万册图书。例如，搜索夏洛蒂·勃朗特所著的《简·爱》，您会查到1907年以来出版的12种版本。

期刊全文数据库：www.jstor.org

这家数字图书馆提供1 000多种学术期刊、100多万幅图片、原始来源和其他学术内容资源。搜索是免费的，但是某些内容需要订阅后才能访问。

1800—1900年的英国报纸：http：//newspapers11.bl.uk/blcs

这家数字图书馆是由大英图书馆制作的，提供一些免费的内容。其他内容可以通过机构的图书馆订阅或付费观看获得。搜索"克里米亚战争"并勾选"仅显示免费内容"，就可以获得1865—1900年间发表的665篇文章（总共21 084篇文章）。

纽约公共图书馆：digitalgallery.nypl.org

这家数字图书馆免费提供70多万幅来自手稿、地图、海报和照片的图片。

其他

要查看世界各地可用的数字图书馆的全面清单，可以在维基百科上搜索"数字图书馆项目列表"。

3.10.5　找到更多资源

要查看世界各地更多可用的数字图书馆，可以通过维基百科搜索列表。

3.11　保存、检索、分享和使用信息

除了帮助您在互联网上查找信息的工具之外，还有一些工具可以帮助您标记或存储这些信息，以备将来使用。这些工具还可以帮助您生成参考文献或参考书目。

3.11.1　保存和自动搜索

如果您同时参与相关主题的多个项目研究，或者需要长期研究同一项目，您将需要多次检索相同的网址，以便获取最新发表的文章。一种方法是对文献数据库、搜索引擎和数字资源库等重复搜索。另一种方法是保存搜索痕迹日后回看，大多数文献数据库都提供此项功能，从而节省输入搜索变量的时间。它们还允许您保存搜索内容，并提请满足搜索条件的任何新发表出版物，其详细信息发送到您指定的电子邮件地址。

3.11.2　自动接收期刊信息

如果您找到一本需要关注的期刊，您可以注册一个"eTOC"——电子期刊目录，它可以发送期刊最新文章的链接到您指定的电子邮箱，您也可以通过社交网络工具接收更新。

3.11.3　参考管理工具

您所在机构可能会为您提供一个工具，用来整理参考文献和编制参考书目。如果没有，下面的几个可能会有所帮助：

Mendeley： 一个免费的管理工具，可以在网页、桌面和移动设备上使用。它可以从文献数据库和数字资源库中导入引文（包括 pdf 文本），还可以分享参考资料，并在文字处理工具中生成参考书目。

Zotero： 一个通过网页访问的免费参考文献管理工具，功能类似于 Mendeley。

CiteULike： 一个免费的在线工具，可以存储期刊文章。它可以为引文添加标记和注释、对文章进行评级、与他人联系并共享引文。

Endnote： 一个免费的管理工具，可以导入引文（包括 pdf 文本）并创建参考书目。

参考资料管理器： 一个软件工具，如果安装在个人电脑或机构服务器上，可以导入参考资料（包括 pdf 文本）、共享这些资料，并在文字处理工具中生成参考书目。

3.11.4　存储和共享网页书签

根据学习的需要，您可能会主要在您信任并经常使用的网站上学习。如要轻松找到这些站点，只需将它们添加到浏览器的收藏夹中即可。

但是，如果您需要使用不同的计算机，那么这些书签将不可用，为此您需要使用 Delicious 之类的社交书签工具来解决这个问题。

Delicious 的网址是 www.delicious.com，它是一种社交书签服务工具，免费提供。它为您在线保存所有的书签，并可以从世界上任何地方登录访问。它提供以下功能：

- 创建相关的书签集；
- 用适当关键词来标记书签；
- 通过 Delicious 或其他社交工具共享书签；
- 搜索流行书签。

3.12　利用谷歌进行学习

3.12.1　谷歌

谷歌是当前网络中最流行的搜索引擎之一，它还提供了一些对学习有帮助的免费工具。有关这些工具和服务的完整列表，请参见 www.google.com/options。

3.12.2　谷歌阅读器

像谷歌阅读器这样的新闻阅读器的优点是，它们使您能够在一个地方看到来自许多网站的更新内容，而不需要单独访问这些网站。它们使用 RSS 系统，该系统允许它们从多个计算机服务器自动接收更新的内容。

对于这些新闻阅读器，您可以通过点击 RSS 图标上的"订阅"按钮来进行订阅，这种图标可以在许多网站中找到。每次登录谷歌阅读器时，您就可以从网站中看到订阅的更新内容。您还可以在移动设备上访问新闻阅读器。

使用谷歌阅读器或其他新闻阅读器，可以接收来自下列地址的更新：
- 新闻或信息网站；
- 电子期刊目录（eTOC）；
- 期刊；
- 博客；
- 社交网络；
- 论坛帖子；
- Delicious 的社交书签；
- 播客；
- 搜索引擎。

3.12.3　谷歌文档

谷歌文档是一个免费的在线系统，允许您创建、存储、编辑和共享文件。您可以：
- 创建或上传文件、演示文稿和电子表格。
- 在线编辑文件，可以随时随地从任何一台计算机访问。
- 与其他人共享文档，并同时编辑文档。
- 从移动设备访问文件。
- 回看文档以前的版本（建议您在本地保存重要文件的副本及备份）。

3.12.4 谷歌文档的学术用途

您可以使用这种工具：

●通过与其他学生共享一个文档来编写协作报告——这对于某些类型的小组项目可能是有用的和合适的。

●通过共享电子表格来分享和修改小组项目的电子表格中的数据。

●准备小组报告，所有小组成员都可以修改。

与团队成员共享创建的文档很容易，您只要将他们的电子邮箱地址添加到与您共享文档的人员列表中，他们就会收到一封带有该文档链接的电子邮件。

行动：使用谷歌工具

如果您有一个小组作业要完成：

●看看谷歌在线工具是否可用；

●和小组内的其他成员讨论这些问题；

●了解哪种谷歌工具对您的小组工作无益；

●如果有需要，决定试用哪种谷歌工具；

●尝试谷歌工具是否适合您的小组和任务。

3.13 在线学习工具：小组展示

四名大一的英国学生需要准备小组PPT报告，他们本想采用当面报告的形式，但由于他们的课程彼此有冲突，所以无法聚在一起。

"当我的笔记本电脑坏了的时候，谷歌文档帮我避免了从头再来、节省了时间——我现在所有的作业都是在那里完成的。"

小组成员比尔使用谷歌文档创建了报告，然后分享给其他小组成员以便他们能在网络上阅读报告，同时进行修改和添加。比尔还拥有这篇文档，小组成员可更改报告的任何部分，他们使用网上即时通信工具和电子邮件进行讨论。

"我喜欢用谷歌文档制作演示幻灯片，因为这意味着我可以在自己的时间里完成。"

小组发现谷歌报告工具用起来很简单，他们利用其提供的一种模板可以方便地添加影像、视频、文本和目录。

"在我准备幻灯片的时候，能看到其他人的幻灯片，这确实对我帮助很大——这样我们就不会重复任何信息了。"

在提交报告的那天，他们可以登录到谷歌并直接浏览报告。尽管这意味着他们不需要把U盘带到课堂上，比尔还是带来了一个作为备份。下课后，在征得其他小组成员允许后，比尔公开了报告以便他人可在网上浏览。

3.14　在线学习工具：小组报告

3.14.1　案例研究：撰写协作报告

阿莱娜和悦子被分配到一个小组，为他们二年级的历史课程写一份报告。老师建议她们使用谷歌文档来生成协作文件。

悦子以前使用过谷歌工具来创建和共享调查问卷，所以对这个想法很熟悉。她帮助阿莱娜建立了一个谷歌账户，并教她熟悉谷歌文档的使用。她们创建了一个文档并设置了共享，这样她们就可以同时对文档进行编辑。

起初，阿莱娜对使用在线文本编辑器写作业很不适应，她更喜欢从家里电脑上存储的 Word 文档中复制文本。然而，她不久就开始直接在线编辑文档，尤其是当她不在家，无法访问她的个人电脑上的文件时。

阿莱娜和悦子配合默契地一起完成了报告，因为在开始写作之前，她们就确定了写作方法并进行了分工。她们还能够使用历史记录查看文档的所有修订，如果需要，还可以恢复以前的版本。

3.14.2　阿莱娜的评论

"我发现，和悦子一起做这份报告，要比我以前和其他人一起做小组作业时容易得多。

"对我来说最大的不同是使用谷歌文档。以前，我需要不断地通过电子邮件发送文档的新版本给我的合作者。对我来说，这确实令人烦恼，因为我有时分不清楚哪一个是最新的版本。在谷歌文档中，我们都使用相同的文档，所以我知道使用哪个文档。对我来说，重要的是，如果我改变了主意，我可以回到原来的版本，而不需要记住我说了什么或去搜索原始文档。

"与悦子合作也鼓励我尝试使用其他工具来分享文档，比如 Dropbox……我想这改变了我对与他人合作的看法。

"对我来说，可能唯一的缺点是，我喜欢使用这么多共享工具，而且我也愿意分享我的想法，所以我需要记住，不要为了那些不需要合作的任务而进行分享!"

3.14.3　使用谷歌工具

如果您有一个小组作业要完成，考虑一下如何更有效地使用在线资源。勾选所有适用的选项：

☐我将学习如何使用谷歌文档来管理协作文件。

☐我将尝试使用谷歌工具进行小组展示。

☐我将鼓励小组成员使用即时消息或社交网络工具进行交流。

□我将采取建设性的方法与使用这些工具的其他人合作。

□我将使用软件工具生成参考书目和网页标签。

> **反思：我将如何使用这些工具**
>
> 您认为这些工具如何对您与他人的工作方式产生积极的影响？
>
> 涉及哪些风险？您将如何处理这些问题？

3.15 案例研究：文献检索

3.15.1 项目简介

卡勒姆是一名材料科学专业的学生，为完成本学年的研究任务，他必须进行文献检索。这门课的成绩占当年总学分的三分之一。他必须写一篇一万字的论文，题目是"聚合物在塑料生产中的使用前景"。他每周都要和指导教师开会。

3.15.2 第一次搜索

卡勒姆一开始使用谷歌进行了一些在线搜索，但很难找到适合他论文研究水平的相关信息。他还搜索了学校的图书馆目录，寻找有关塑料和塑料生产的书籍，但没有任何结果。他搜索到了成千上万的结果，他看了其中一些，但它们的质量无法满足他的需求。

3.15.3 获得指导

最后，卡勒姆拜访了工程图书馆的一名图书管理员，以获得搜索合适数据库的帮助。她建议他使用谷歌学术查找期刊文章，并指导他访问一些检索相关工程和技术期刊的文献数据库。

3.15.4 初步收获

通过检索，卡勒姆从文献数据库、专业网站和网页中找到了一系列相关的资源，并着手进行研究。他找到许多与他的研究内容相关的期刊文章并打印出来，通过浏览和阅读这些文章，他发现了大量有用的资料，其中大部分是该领域专家所写。

3.15.5 项目聚焦

通过阅读参考资料，卡勒姆意识到，他研究这个项目所采取的角度太过宽泛，无法在限制字数内阐述清楚，而认为他能读完所需阅读材料的一小部分都是不现实的。因此，他利用自己的搜索结果，就如何缩小项目研究范围提出了自己的想法。他利用与导师的会面来修改论文题目、缩小研究领域，并讨论了他从阅读期刊文章中获得的灵感。

3.15.6 准备引文和参考书目

卡勒姆觉得在论文的参考文献部分手工录入信息费时费力、枯燥乏味，错误不断出现，他也不喜欢花时间纠正这些错误。他的老师告诉他，学校的电脑上安装了一个参考资料管理工具，他可以用这个工具自动生成参考书目。当意识到这意味着不需要自己手工录入全部参考文献时，卡勒姆开始积极使用这个工具，并添加了他已经找到的所有期刊文章。

"我的论文写得很吃力。其中一部分源于我从事学术研究的野心——没有理智地考虑什么是一个现实的项目。除此之外，我在还没有弄清楚一路上我可以得到哪些帮助之前，就一头扎了进去。我没有能力处理我发现的大量信息，我浪费了大量的论文写作时间，也没有早点学习如何搜索文献数据库和管理参考文献。"

3.15.7 新技能的长期价值

在这个项目结束时，卡勒姆已经学会了信息检索、存储和操作方面的技能，这为他以后攻读硕士学位提供了莫大的帮助。

"我现在觉得自己有了更好的条件从事学术或商业研究，因为我知道如何使用一些好的工具。"

3.16 评估 YouTube 上的材料

您可能很熟悉 YouTube，它是一个视频分享网站，通过它您可以观看自制视频、电视、体育、音乐、电影等节目。YouTube 也可作为学习研究的一个支持工具。

3.16.1 搜寻教育视频

搜索 YouTube

您在 YouTube 上几乎可以搜索到任何您关注课题的视频。当您在 YouTube 浏览器上输入关键词时，会得到一些帮助建议。您可能会在搜索结果的顶部看到"精选视频"。这些不是广告，但可能是 YouTube 的商业合作伙伴的视频或当前流行的用户视频。

YouTube 上的教育资料

YouTube 可以将视频按类别进行分类，您可以在主页上看到这些分类，或者输入 youtube.com/categories。教育类别视频里包括许多大学讲座的录像，主要专业领域包括：数学、商业、工程、人文、法律、历史、社会科学、医学、艺术和教育。

许多国际知名大学都开通了上传各类视频内容的"频道"，您可以搜索像加州大学伯克利分校这样的独立机构，并浏览他们所有的视频。您可以订阅他们的频道，这样您就可以随时看到任何更新的内容。

3.16.2 评估视频质量

大部分上传到 YouTube 的视频都是公众上传的，通常不适合学术研究。

然而，许多视频内容，甚至在非教育类别里包含的材料，都可用于文章以支持一个论点或阐明一个道理。您需要权衡这些信息是否准确、相关以及来源的可靠性。

例如，政治家在议会或严肃的纪录片中谈论经济的片段可能适合为您的作业提供参考信息。政治家可能已经考虑过自己应该说些什么，他们的顾问通常已经深入研究过这个问题，并从官方来源向他们提供了最新的权威信息。

然而，如果同一位政治家被摄像头偶然拍到，问了一些他们预料之外的问题，他们的回答就可能远逊于以往，也更不可靠。

3.16.3 质量评价标准

与任何其他资源一样，在使用 YouTube 视频时要考虑以下几点：
- **准确性**：视频素材准确吗？
- **真实性**：演讲者在这一主题上的发言可信性有多大？
- **相关性**：视频材料是否与您的学习相关，并且学术水平适当？
- **时效性**：视频内容是最新的吗？
- **广泛性**：是否涵盖了所有的重要事项？这段视频是否提供了一个平衡、中立的视角？

3.16.4 流行因素

虽然以下因素并不是评价学术质量的指标，但可以作为参考：
- 浏览次数；
- 评论数量；
- 评论内容；
- 点赞次数。

3.17 利用 YouTube 进行研究

3.17.1 YouTube 工具

当您在 YouTube 上创建一个免费账户时，您可以使用以下功能：

- 通过社交工具与朋友分享视频，在小组项目或讨论版中使用。
- 添加视频到收藏夹中以便将来观看。
- 创建视频播放列表，以便连续观看或分享。
- 订阅 YouTube 频道，查看更新的内容和活动。
- 确认是否喜欢已看过的视频。
- 评论看过的视频。

3.17.2　学生评论

"我喜欢通过视频学习，我发现在 YouTube 上看动画非常有用。"

"我的老师在 YouTube 上发布视频链接，并在课堂上展示一些视频——这样做很有帮助。"

"我不得不为我的研究项目制作一个视频日记。我把它上传到 YouTube 上，让我的老师评估。我从同学那里得到了很多意见和好评，我可以看到他人对我的视频如何评价。"

3.17.3　使用 YouTube 教育视频

如果您喜欢使用视频内容，可以搜索教育视频，比如：
- 讲座视频；
- 作业指导视频；
- 实际操作演示；
- 面试或正式谈话；
- 动画片或多媒体演示。

3.17.4　世界一流质量

YouTube 上的一些教育视频来自世界级专家的演讲，因此他们可以提供最新的理念和最前沿的见解。

对课题的好处

增长见识，了解世界范围内该领域的最近进展。

扩展思维

这种视频可以帮助您了解学科的发展，扩展您的知识储备，这可以提供全新的视角，激发您的创新思维。

3.17.5　参考其他讲座视频

观看前，先思考视频材料是否适合您的研究水平和项目学习。

上课前还是课后使用？检查视频制作的目的，以确定观看视频的最佳时间。有些视频，如实际演示，可能是为了在上课之前进行预习的；其他的，如讲课视频或动画，可能是为了帮助加强课后复习而设计的。

时间和计划。计算出在没有干扰的情况下，分配多少时间来观看讲座视频。

3.17.6　运用学习技巧

- 记笔记可以帮助您集中精力，并记录下您认为最重要的东西。
- 如果有不理解或遗漏的信息，可以使用暂停和回看来查看。
- 如果视频内容有难度，避免在第一次播放时频繁地停止和开始。坚持播完，以获得整体的感觉。然后梳理一下最重要的部分或细节，记录在您的笔记中，它将帮助您弄清楚是否确实理解了，是否需要进一步学习，或者视频内容超纲了，对您现在的学习来说太难了。

3.18　制作YouTube视频作业

3.18.1　视频作业

您可能需要制作视频作业，内容包括：

- 视频日记；
- 实地考察资料；
- 项目访谈；
- 小组讨论；
- 帮助其他同学的学习资源；
- 学习经验总结；
- 实际操作演示；
- 艺术或形象作品；
- 表演；
- 诗歌朗诵；
- 翻译或口译。

3.18.2　指导

您可能会得到如何制作视频和评估视频质量的建议，也可能会被要求通过YouTube或您所在院校的设备上传视频。

3.18.3　制作视频

设备

除非您学的是电影或媒体专业课程，否则您通常用照相机、摄像机、移动电话和智能手机等设备录制的视频，足以满足作业的拍摄质量要求。

拍摄前

• **内容、长度和顺序**。计划好您要在视频中包含的内容，决定给每个主题或问题多少时间、拍摄的顺序，以及您的视频将如何开始和结束。

• **声音**。检查您是否可以录制清晰可辨的声音。

• **光**。检查灯光强度，避免拍摄坐在窗前的人。

• **场景**。考虑视频的背景场景，比如在哪里和什么时候录制视频以获得最佳角度、光照和内容。

• **剪辑决策、连续性和结构**。决定是否要剪辑视频，以及如何剪辑。如果您不进行剪辑，计划您将如何进行拍摄，以保证视频内容连贯、突出重点、时间比例恰当和顺序合理。

• **参与者**。确保参与者熟悉情况并且精神放松。

• **许可**。确保获得相关人员书面许可：（1）进行拍摄时；（2）上传他们的视频到 YouTube 时。

在拍摄过程中

• 稳固设备，如果需要，可使用三脚架，以减少不必要的晃动。

• 把话题集中在主题上。

• 避免镜头快速移动。

3.18.4 上传视频

• **登录 YouTube**。上传视频遵循直截了当、循序渐进的原则。

• **编辑**。用简易实用的工具在 YouTube 上编辑您的视频。

• **容量和时长**。上传到 YouTube 的视频，最大容量不超过 2GB，时长不超过 15 分钟。

• **文件设置**。确定您的视频是公开的、私人的还是隐藏的。

• **添加关键词（标签）**。这样其他用户就可以很容易地找到您的视频。

• **命名**。为您的视频拟定一个合适的标题。

• **版权**。检查您是否有上传视频的版权许可。如果您上传的视频含有他人的知识产权（比如大学演讲），这一点尤其重要。

• **分享**。决定是否使用社交网络工具分享视频。

3.19　本章小结

如今，只要进行学术研究，就必须进行相应的信息管理，您需要具备从学术角度发现、评估、筛选、储存、应用、引用和参照、创建、编辑和共享信息的能力。对于某些作业，您可能需要自己独立完成，而对于其他作业，您可能需要和小组其他成员协同完成。在不同情况下，所需的技能也会有所不同。更高水平的学习意味着，您可以：

- 快速承担信息管理任务。
- 确定正确的所需信息类型。
- 了解什么样的材料对您来说具有合适的质量水平。

所有这一切都是一种挑战——而挑战的难度随着学习水平的提高而增加。随着网络上可获得的信息持续快速增长，具有这些能力就尤为重要：

- 提高学术研究的信息管理技能。
- 开发和扩展在线工具的知识和技能，帮助您进行信息管理。

尽管大多数学生已经具备了在网上查找某些信息的技能，但从学术角度应用这些技能可能依然很困难。本章概述了这些问题，提供了一些可以帮助您作为学生管理信息的关键工具，以及如何使用这些工具来支持您的学习。您将在以下章节中学习关于使用特定在线工具和资源的更多技能。

第4章

播 客

学习目标

本章阐述了以下内容：

- 了解"播客"的含义；
- 查找并下载网络上的学术内容；
- 了解如何使用播客来支持不同方面的研究；
- 在使用播客时有效地运用学习技巧；
- 学习如何创建自己的播客。

引言

播客不仅在工作场所和媒体中广泛使用，在大学里也得到了广泛的应用。许多学生习惯于下载播客，并将其用于个人娱乐。

本章从学习技能的角度来研究播客的使用，包括：

- 找到适合更高层次学习的播客。
- 使用播客来提高学习的各个方面。
- 在使用播客时，有效地运用学习技能和思维技能。
- 制作自己的播客，用于支持学习或考评。

如果您对播客已经很熟悉了，您可以跳过下文，直接学习它们在学术情境中的应用。

然而，如果这些内容对您来说是相对较新的，那么您可能会发现本章的前几页很有帮助。它们介绍了什么是播客、在哪里可以找到播客，以及播客的一些基本技术背景，使您能够更轻松、更自信地运用播客来支持您的学习。

4.1 什么是播客？

4.1.1 "播客"词义

"播客"（podcast）一词最初来自以下两个单词：

- "pod"来自"Playable On Demand"，后来在 iPod®中使用。
- "cast"来自"broadcast"，意思是"to transmit information"。

4.1.2 什么是"播客"？

- 播客是包含音频内容的文件，通常通过互联网访问。
- 视频播客是包含视频点播内容的文件（通常缩写为"vodcast"），越来越多的人用播客这个词来描述包含音频和视频的文件。

您可以将这些文件保存并下载到您的计算机或便携式设备中，如智能手机或MP4播放器。

4.1.3 播客包含什么？

几乎任何音频或视频材料都可以制成播客，包括：

- 广播节目和电视片段；
- 新闻、喜剧、体育节目；
- 俱乐部和社团演出；
- 世界各地大学的讲座。

4.1.4 剧集

播客通常是作为一系列剧集提供的，就像电视节目中的片段一样。当您查看播客文件时，您将看到所有可用剧集的列表，包含每个剧集的发布时间和时长的详细信息。

4.1.5 播客容易使用吗？

如果您已经从互联网上下载过音乐到便携式媒体设备上，那么您将能够很容易地用播客做同样的事情。

即使您在下载音频或视频内容到您的计算机上是新手，您也应该会发现这种操作非常简单。例如，如果您在正在使用的网页上看到播客，您应该能够打开它并通过点击屏幕上的"播放"按钮来收听。

或者，如果您喜欢稍后再听播客或者离开电脑，您可以把它下载到便携式设备上。右键单击该文件，选择"另存为"，然后选择要将其保存到何处。

4.1.6　需要什么设备？

要收听播客，您需要一台联入互联网的电脑（内置扬声器或耳机）。

如果您想在旅途中听播客，您需要一个便携式媒体设备（如 iPod、iPad、智能手机或其他 MP3 或 MP4 设备）。

存储音频的 MP3 文件可由计算机和便携式媒体设备中的媒体播放器播放。

存储音频、视频或图像的 MP4 文件可以在电脑上播放，也可以在带有屏幕的便携式媒体播放器或智能手机上播放。

4.1.7　查找播客

播客节目没有统一的格式。许多人使用简介加背景音乐概述播客内容——这些可以帮助您进行查找。

除了标题和简介外，互联网上的学术播客或课程提供的播客可能不包含任何辅助查找功能。有时，这些播客一开始就进入教师讲课模式，并以一个小时后学生下课离开的声音结束。提示信息可能只对该讲座的学生有用，比如通知交作业的日期——您可以忽略它们。

4.2　查找和订阅播客

播客应用广泛，艺术家、音乐家、戏剧家、出版商、大学、学院、广播和电视台、慈善机构、地方和中央政府的网站上都会使用，或者学校的网站上也可以看到。许多网站提供音频或视频内容，指导如何收听、观看或订阅播客。

4.2.1　播放程序

这些是您可以用来搜索和订阅播客的程序，它们通常可以直接安装到个人电脑上：

- iTunes
- Juice
- Podnova
- podcast.com

4.2.2　查找学术播客

ITunesU

iTunes 上的学术材料通常保存在一个名为 iTunesU 的专区里。通过 iTunesU，大学将讲座和其他信息作为开放资源免费提供。

TED

TED（www.ted.com）最初专注于技术、教育和设计，现在提供包括商业和科学在内的一系列学科的免费播客。

4.2.3 "订阅"播客

订阅是一个过程，一旦有新的播客发布，它们就可自动下载到您的电脑中。当您下一次把移动设备插入电脑时，它们会自动添加到移动设备中。

您也可以通过智能手机下载播客，而不需要通过计算机，这给您提供了在任何地方收听播客的自由。

4.2.4 播客信息

播客播放程序也会向您提供所有播客的细节，包括：
- 标题；
- 作者；
- 出版商；
- 关键词和内容简介；
- 播客的时长；
- 播客的日期；
- 更多信息的链接。

4.2.5 信息提示

您可在任何时间控制计算机或便携式媒体设备上的剧集数量。当您订阅播客时，您的播客软件会：
- 询问您是想下载所有之前的剧集还是最新的剧集；
- 提示您观看新剧集；
- 给出每种播客剧集发布或者出版的日期。

4.2.6 直接播放

像 podcast.com 这样的互联网站点允许您访问和收听播客，而不需要订阅或下载到您的计算机上。

行动：试听播客
- 浏览上述网站，例如 iTunesU。
- 选择多种感兴趣的播客。
- 每种播客试听 3～4 分钟。
- 记录不同播客的质量和风格差异。

4.3 评估播客学术质量

互联网上的许多播客可作学术用途，例如：
- 学术课程讲座；
- 其他大学课程相关的讲座；
- 讲师、学生或其他专家之间的学术讨论录音或剪辑；
- 教学人员提供的课程指导；
- 学生制作的播客素材；
- 出版商提供的在线学习资源；
- 专家公开的讲座或谈话；
- 广播或电视台制作的系列节目。

播客的质量差别很大，下面列出了一些指标，可以帮助您判断它是否适合您的需求。

4.3.1 出处

知道谁制作了播客可以帮助您评估它是否适合您的需要。播客可能仅仅是由某人自己录制的，所以要分辨它的制作者及其专业知识或动机可能并不容易。但如果提供了详细信息，您就可以使用谷歌进行搜索。

带有视频材料的播客能更好地说明它的来源。您可以看到更多的背景——无论是与观众一起拍摄的，还是在工作场所或事件现场拍摄的，还是在学生的床上拍摄的。视觉信息，如肢体语言和语境，可以帮助您判断这是一个严肃的剪辑还是一个恶搞。

行动：检查播客出处
- 核查视频是否由某种组织（如政治团体、宗教团体、游说团体）制作。
- 使用谷歌搜索，寻找更多播客制作的目的和动机。
- 是否有组织或团体不同意播客里的观点？
- 根据您的调查，考虑制作者的兴趣和观点可能会如何影响他们在播客中选择和呈现信息的方式。
- 您在哪里可以找到更多资源，以更加全面和准确地了解这些问题？

4.3.2 作者声誉

考虑播客作者是否有良好的学术声誉。例如，您可以查看他们是否出版过图书或发表过经同行评审的期刊文章，或者获得了良好的评价。

通过检索图书馆目录、期刊评论和搜索引擎来查找这些信息。

4.4 选择播客

4.4.1 相关性

播客内容的价值取决于您的目的。专业播客可以帮助您拓宽对主题的理解，即使您不了解每一个细节。但是，对于您的需要，这些可能太技术化了。相反，学生们通过播客分享自己的经历，比如如何自主学习、如何申请工作、如何在国外独自生活一年，这些洞见、建议和安慰对他人来说都是非常宝贵的。

4.4.2 专业制作的版本

期刊、出版商、广播公司、专业团体和其他机构制作专业的播客，用来展示最新研究成果。这些播客通常音质良好、易于导航，就出版质量而言，它们比在演讲厅或现场制作的播客更容易使用。

4.4.3 时效性

您需要知道这些播客剧集是什么时候发布的，以帮助评估它们是否仍然有效。这在快速发展的研究领域中尤为重要。

- 查看每种播客有多少剧集，每集什么时候出版。
- 检查它们是否仍然"活跃"——也就是说，是否仍然在制作和更新。要做到这一点，查看最近一集的发布日期即可。

4.4.4 来自其他大学的播客

即使是由其他大学的教师给自己学生制作的播客，对您的课程或项目也很有价值。许多大学，包括世界领先的大学或院系，都通过iTunesU将他们的讲座免费放到互联网上。您可以用这些来补充您的课程材料，并对您的主题有更深的理解。

选择您的学习水平

全日制本科学习的每一学年与高水平学习第一阶段（HE level 1）或国家资格框架第四阶段（NQF level 4）的"研究水平"是对应的，如果您对某个话题感兴趣，您可以从为更高层次学习制作的播客中寻找灵感，iTunesU上的学术播客通常会说明目标受众。

寻找编辑过的版本

如果教师亲自录制他们的讲座，或者将较长的讲座编辑到5~20分钟，这表明他们在播客作品中融入了自己的思想，这类作品往往比未经编辑的播客更有用。

作品的质量

有些讲座播客的质量可能相当"粗糙"，它们仅仅是在教室里采用翻领麦克风或网络摄像机录制而已。这些播客主要是为参加现场讲座的学生准备的，内容可能很好，但您可能需要调节音量级别，并忽略录音设备无法接收听众发言时的寂静。

4.4.5　学生的播客/视频

学生可能制作播客作业，这类作品可以在互联网上找到。它们通常以通俗易懂的语言和有趣的角度呈现主题材料，反映了处于相似学习水平的学生的观点。与所有资源一样，这些资源应与其他信息来源，特别是主要资源相互印证。

4.4.6　用户评级和评论

一些播客软件和网站会提供一个评级系统，这样用户就可以对播客的质量进行评级，参见 iTunes 中的例子。

您还可以看到以前用户的评论。

评级和评论可以帮助您决定该播客是否值得使用。

4.5　课程讲座播客

4.5.1　支持现场讲座

教师一般会提供完整或编辑过的讲座播客。如果是这样，播客通常会在现场讲座完成后的几天内发布。

教师们为什么这样做？

这样做一般旨在帮助学生：

- 加强对讲座要点的记忆。
- 再听一遍讲座中的难点或包含复杂材料的部分，帮助学生理解。
- 重温课堂上可能没有做好笔记的部分内容。
- 结合其他学习资源进行课程复习。
- 为偏爱听觉学习方法的学生提供额外的支持。

亲临现场……

现场讲座有助于理解和回忆，也能了解其他学生对材料的反应和他们的疑问。最好的讲座往往是互动的，让学生共同思考和解决问题。这意味着播客通常不能很好地代替现场教学，除非它们是专门为这一目的而设计的。

4.5.2　作为一种补充资源

播客可作为阅读、讲座和课堂教学的补充，尤其当：
- 您更喜欢通过反复的倾听来学习。
- 您发现在课堂上很难面面俱到。
- 您不了解学术术语，所以很难听懂一些讲座。
- 您正在用外语而不是母语来学习时。
- 您想在跑步、旅行或等待的时候复习课程材料。

4.5.3　作为课程的核心材料

如果播客是专门为您的课程而设计的，那么请根据它们的用途合理使用，无论是为了提供信息、学习指导，还是为了准备考试。

充分利用随附的资源，如指引、课程手册、纸质或电子笔记、电脑辅助自考资料、数码文本、阅读清单链接等。

这对于在线和其他远程学习课程尤其重要，因为这些课程很少或没有面对面的教学。

行动：查找与课程相关的播客

查找哪些播客是为您的课程制作的，确定这些播客的长度以及应该什么时候提供给学生。

访问 iTunesU，看看您的专业有哪些播客。

4.6　播客组织技能

4.6.1　播客的组织

如果您在网上订阅了一个播客，请确定您是否拥有完整剧集，并且这些剧集是最新的和有顺序的。iTunes 等程序会自动为您做这件事，并会让您知道新剧集何时更新。

- 根据类别将播客分别保存，以便更容易找到它们。如果您需要在作业中引用某一剧集或在考试前复习时快速找到该剧集，这将会有所帮助。
- 定期整理收藏的播客，删除不再需要的播客。
- 停止订阅无用的播客。

4.6.2　选定存储位置

选定合适的播客存储位置：

- 这样可以将播客信息与其他资源结合使用。大多数学生存储播客的地方，同时可以进行这些播客和其他相关资源之间的快速切换，并且这些播客资源可以通过计算机获得，如课堂讲稿网页课程材料和数字化文本。
- 这样便于集中精力记笔记。
- 这样可以减少其他干扰。
- 无论是在图书馆、教室还是在家里，都能在方便的时间自主学习或工作。

4.6.3 根据需要改变工作方式

如何使用播客取决于您使用播客的目的：

- 从头到尾听完播客，以便对主题有一个大致的了解。
- 适时暂停以专注记笔记，思考内容，或者按照说明去做。
- 暂停、停止、快退和快进播客，听您觉得特别有趣或困难的部分，就像您看视频或听其他录音一样。
- 跳过您不需要的或者您想稍后再详细研究的内容。
- 考试复习时，暂停并总结信息。
- 暂停并重复一些需要死记硬背的信息，如引文或公式。

4.6.4 时间管理

- **合理利用**。听播客有助于回忆和理解，然而，倾听要比视觉上处理相同的信息花费更长的时间，这意味着您需要平衡使用播客和其他学习方法的时间。
- **量力而行**。时间有限，一定要有选择性地听完整的播客。如果您把全部播客都听一遍，这将花费相当多的时间，而且不太可能是对您时间的最佳利用。
- **有效利用闲暇时间**。当您乘坐公共汽车、长途客车或火车旅行时，或者在房间里或家里做一些日常琐事时，可以利用空闲时间听播客。
- **不要忽视课堂教学**。在课堂上要专注听讲，使用播客只是为了辅助学习；避免将播客作为课堂替代品而不集中注意力或者忽略记笔记。

4.7 使用播客时记笔记

4.7.1 记笔记：留心听……

播客的目的：无论是为了提醒您上课，帮助您理解复杂材料、补充材料，还是指导您完成作业，这就是您需要的吗？您需要听什么特别的？

参考其他资源：在有用的网站、读物和播客中寻找建议。

您的目的：迅速写下您想要记录的事情，这将帮助您在听或看的时候抓住要点。

标题信息：播客想要传达的主要信息与您的需求有关吗？

4.7.2　记录讲座和播客

- **使用播客帮助您做讲座笔记**。使用播客来补充您的课堂笔记，在课堂讲座结束后，趁您还记忆犹新的时候，尽快这么做。

- **通过深入阅读和记笔记来进行补充**。广泛阅读自己课题的相关内容能提高您的知识储备和理解能力。

- **衔接教学**。自己想清楚当前在您的学科中存在的问题和争论。

- **言简意赅**。笔记越精炼越好，记录最相关、最重要的内容。

- **帮助理解和记忆**。如果您的笔记做得很好，将有助于您记忆与复习。将这些笔记汇总成一个关键材料的摘要，并在相关标题下组织起来。您还可以把您的笔记做成音频文件作为播客使用。

4.7.3　记笔记和时间管理

留出足够的时间听播客

播客的长度可以是任意的，所以提前核实一下，按照自己的节奏听完需要花费多长时间。粗略估计一下，留出相当于听播客两倍时间的长度进行学习。这就给自己留下了相对宽裕的时间进行一系列工作——听播客，记笔记，思考听到的内容，记下自己的想法，然后再听一遍复杂和困难的部分。

例如，给自己两个小时的时间来学习50分钟的播客并记笔记。如果您对材料很熟悉，就少留点时间。随着时间的推移，当您使用播客时，您会对自己的工作节奏有所了解。

选择重点

播客内容通常比较全面，您可以自己编辑材料，只记下要点。

记笔记策略

播客的好处之一是，如果您有一个便携式设备和耳机，您可以在任何地方听播客——走路的时候、在公共汽车或火车上、在咖啡馆、在学习小组里，任何时候、任何地方，只要适合您。如果您这样做了，那么随身携带笔记本和笔，或者合适的移动设备，记下您认为重要的任何一点。

4.8　应用批判性思维

4.8.1　批判性思维

像阅读和使用其他资源一样，对播客的使用也要采用批判性思维方法。如果与播客立场相关，请考虑以下内容：

- 所提论点的合理性；
- 支持播客在某一问题上立场的理由；
- 论据的质量和相关性；
- 推理是否支持正在做出的结论或建议。

4.8.2　采取质疑的态度

不要只看材料的表面价值，即使它是由您的老师提供的。播客很可能提供了一个非常好的、合理的方法，合理的材料选择，并且言之凿凿。

然而，通常看待这些问题的观点不止一种。作为一名学生，您通常会忙于材料学习、整理和总结主要论点，并考虑这些论点是否经得起推敲。所以，一开始就要质疑播客的立场，考虑可能提出的其他观点，权衡证据的质量。

要问的问题

这是什么信息？

播客想要传达给我的是什么？他们想要说服我去思考、去做、去相信什么？他们想让我接受什么论点？

我相信吗？

如果是这样，为什么？是出于学术原因，比如播客作者的论点很有说服力，还是支持这个案例的证据很有力？或者我被说服的原因是错误的，比如因为他们是非常热情的演讲者，或者听起来他们知道自己在说什么，或者因为他们强化了我自己原有的信念？如果我不相信，是因为他们没有提出合理的理由，还是我只是不想听？我怎样才能更客观地对待我所听到的内容？

其他的信息是什么？

如果提供了其他细节，或者材料以不同的顺序呈现，或者对特定细节或证据的强调发生了变化，这些材料是否可以用来支持其他论点？如果是，这有意义吗？

4.8.3　倾听说服策略

重复

正如下面关于好的播客设计的部分所指出的，重复是帮助听众的一种有效方式。然而，从批判的角度来看，要考虑重复是否产生了洗脑的效果。例如，在政治领域和广告中，重复一个短语三次似乎是一种行之有效的策略——如果在一个论点完全确立之前，抓住很好的时机予以强化，似乎会对听众产生强烈的心理影响。

情感说服

许多合理的争论都有内在的情感内容。然而，要检查播客是否有意使用一些能引起情感共鸣的例子和细节，以便说服您接受论据不充分的论点。检查您是否被逻辑和好的理由，而不是情感内容说服。

逻辑缺陷

仅凭用耳朵听来理解一系列观点是很困难的。假设您在听的过程中忽略了某些点，检查播客是否利用了这一点来说服您。例如，寻找推理中的漏洞，或者在一个论点论证充分之前跳到新的论点。

4.9　引用播客

4.9.1　一般信息

一般来讲，您应该在引用播客时包括以下信息：
- 作者姓名；
- 出品年份；
- 播客标题；
- 访问日期；
- 发布网址，或下载网址。

4.9.2　标注细节

您所在的院校可能有关于如何引用播客的具体说明，除此之外，哈佛标注方法应用广泛，它需要按照以下顺序提供详细信息。

4.9.3　哈佛标注方法

请按照以下的顺序提供详细信息，标注时要使用括号和标点：
- 作者姓名；
- 出品年份；
- 播客标题；
- 网站名称；
- 发布日期；
- 网址链接；
- 访问日期。

4.9.4　示例一

下面的示例使用了哈佛标注方法。这期播客来自牛津大学，讲的是莎士比亚的戏剧《亨利五世》。

在文中的引用

莎士比亚描述了英国国王亨利五世的生活，并提出了亨利的行为是值得钦佩还是应该受到谴责的问题（史密斯，2010）。

完整标注

Smith E.（2010）Henry V ［online］. Wednesday 20th October. Available at：http：//media. podcasts. ox. ac. uk / engfac / approachingshakespeare / 02_henry_v. mp3? CAMEFROM=podcastsGET.［Accessed： 20th June 2011］

4.9.5 示例二

下面的示例使用了哈佛标注方法，这期播客由英国广播公司（BBC）制作，内容是关于塞文河大坝的。

在文中的引用

最近的研究讨论了拦河坝对塞文河河口的生态影响（BBC广播4台，2009）。

完整标注

BBC Radio 4.（2009）. Material World： Severn Barrage introduced by Quentin Cooper ［online］. Thursday 12th November 2009. Available at： http：//www.bbc.co. uk/programmes/b00nrrd3.［Accessed： 19th May 2011］

4.10 利用播客备考和复习

如果您在大声朗读或在脑海中复述时记忆最好，那么播客可以帮助您利用这种听觉偏好——无论是为了准备考试，还是为了帮助您记忆材料内容。

4.10.1 播客的作用

• **作为提醒工具**。您可以在任何地方收听播客，也可以轻松跳过不相关的部分。这是一种很好的方式，可以提醒您在课程中学到的内容。

• **反复收听**。当我们听材料三次或三次以上时，我们的记忆力往往会更好。重复收听播客内容轻而易举，它是一种帮助加强记忆的好方法，特别是对于复杂的材料、公式、技术术语、诗歌而言。

• **加深理解**。如果可以的话，最好在您第一次阅读材料后不久就开始复习。这让您的大脑有时间来吸收材料，找到与其他课程材料的联系，并理解更复杂的内容。

• **填补空白**。如果您错过了一节课，那么听一段播客可以帮助您赶上进度。但在考试前学习新的课程材料，并不会取得理想的效果。

4.10.2 制作备考播客

制作备考播客有两种主要方式：

• 为自己或他人朗读或大声讲解课程材料，录制成音频文件。

- 使用软件，将您的文字笔记转换成音频文件，作为播客使用。

组织播客材料

下文提供了一些制作播客的思路，如果您在准备考试的时候非常依赖这种方法，那就尝试一下其他的方法。这有助于您保持更长时间的注意力和兴趣，从而帮助您在以后的考试或工作中记忆犹新。

详略得当

如果您把每节课的播客都一分不落地听完，那您的备考时间就会不成比例地减少——要有选择性，这样您才能充分利用您的备考时间。

4.10.3　组织播客材料

标题和要点

- 为准备的材料列一个标题清单。
- 在每个标题下面，列出一个编号的要点清单（以这种方式组织您的材料，可能有助于您以后回忆材料内容）。

问题和答案

总结您要学习的材料，归纳出一系列问题，然后给出简洁的答案。

说唱、表演

无论您是否有音乐天赋，您都可以用不同的方式来录制播客，这样您想强调的部分就会脱颖而出。歌唱、说唱，或使用不同的戏剧人物和语调都有助于使材料令人难以忘怀。

摘要

用几句话概括主题，为复杂的材料进行总结，就像您在向一位外行解释一样。

阅读

根据课程内容的不同，大声朗读课文、笔记、公式、诗歌或其他材料的节选，这样您就能听到自己的声音。

4.11　播客很有用吗？

4.11.1　学生的看法

"我一下课就听老师的播客——它们对记笔记确实很有帮助。"

"我用播客来备考——它们对记住关键概念和事实非常有用。"

"播客是我们课程中最好的学习资源。"

"在坐火车回家之前，我把上课的播客下载到手机上……这是有效利用时间的好方法。"

"有时候我听着老师的播客就睡着了！"

"我找到了很多不同大学的开源播客，我很喜欢听这些播客，因为它让我觉得自己也能从这些最好的大学学习知识。"

4.11.2　教师的看法

"学生们倾向于在考试前使用播客——我希望他们能早点把播客融入课程学习中去。"

"我们收到了学生们的请愿书，他们要求所有的讲座都提供播客——幸运的是，制作这些播客很容易。学生们发现这些资源对他们的学习非常有用，这真是太好了。"

"在上课之前，我会对课程材料进行简短的总结，做成播客提供给学生。我发现，听这些播客的学生在课程中表现得更好。"

4.11.3　研究结论

最近的许多研究调查了播客如何影响学生的学习，结果表明，使用播客的学生往往会提高他们的考试成绩。

例如，纽约州立大学弗雷多尼亚分校的达尼·麦金尼的一项研究发现，听播客的学生考试成绩更好（麦金尼等，2009）。研究人员得出的结论是，成绩的提高是因为学生们反复收听播客，并做了详细的笔记。

利兹大学的尼尔·莫里斯进行的另一项研究发现，当学生们收听课程播客并用手机进行自测练习时，他们的考试成绩也有类似的提高（莫里斯，2010）。

4.12　设计高质量的播客

4.12.1　成功的秘诀

1.**内容**：在开始录音之前，计划好您想说什么，这样录音才能顺畅。

2.**使用脚本**：建议写笔记或脚本来帮助自己语言流畅，但使用这些文本时，切记不要让自己听起来像是在朗读。

3.**安静**：录制的场所应免受打扰，清除所有不必要的噪声源。

4.**位置**：把您的嘴对准麦克风，离麦克风大约有一掌的距离。

5.**表达**：放松，说话清晰而缓慢，有规律地停顿。

6.**音量**：提前检测声音质量，如果您在电脑上听不到，您的听众也听不到。

4.12.2　为听众提供便利

做什么能让您的播客最有效呢？从计划阶段就把您的听众记在心里，想清楚什么能真正鼓励和帮助他们听材料。这是真的，即使您是唯一的听众也要如此，比如您做播客来备考。

如何设计播客才能更好地来服务听众：

- 找到他们需要的东西？
- 保持收听兴趣？
- 消化吸收材料？
- 记住他们听到的内容？

项目	细节
风格或"品牌"	是什么让您的播客与众不同？考虑一下是否要在您所有的章节中都使用相同的元素，比如一首歌曲，或者每一节的开头或结尾采用特殊形式。
标题	给系列播客和里面的每一集起一个清晰简洁的标题，清楚地表明其内容。考虑一下如果读者在网上搜索，标题是否会帮助他们更容易地找到它。避免太笼统或太模糊。
开始	自我介绍，并简要说明制作播客的目的，以及它是为谁而设计的。
内容	为听众提供详细的细节和例子，生动地阐述您的观点，这样他们就能在您说话的时候在脑海中勾勒出一幅图画。
结构	大多数人在听的时候很难长时间保持注意力集中——较短的声音片段有助于集中注意力。如果您使用诸如问答之类的形式，或者使用由停顿、例子或铃声分隔的简短段落，您可以帮助听众集中注意力。考虑请求他人的帮助——倾听不同演播者的简短发言更容易。除非有人在讲故事或讲话方面特别有吸引力，否则长时间听别人朗读文本非常容易懈怠。
导航	使用语音提示、停顿、标题或清晰的段落介绍来帮助听众轻松定位材料。
访问	为您的播客提供好的简介和标题，这样人们就能很容易地找到它们。另外，确保其他人可以使用您的播客软件订阅您的播客。
重复	重复可以强化一个观点，也有助于记忆。大多数人单凭耳朵很难捕捉复杂的信息和具体的细节，如姓名、日期、数字、公式和技术术语，熟练地使用重复可以帮助听众理解和记忆这些内容。
后续	如果方便的话，说明您在哪里可以提供更多的信息（如您的博客和网站）。

4.13　自己制作播客

制作自己的播客相对来说比较容易，既可以供个人使用，也可以发布到互联网上，以便其他人订阅。您的课程作业里可能就包括制作播客。例如，您可能需要连续一周每天写一篇音频日记，作为一项课程作业。

您可以采用以下步骤制作播客。

4.13.1　制订计划

内容	●决定话题和您想说什么。 ●您需要找出更多相关信息吗？或者研究这个话题的某个特定方面？
听众	●您的目标受众是谁？在计划阶段考虑您的听众，以便收集和组织适合他们需要和兴趣的材料。 ●关于这个话题，您的目标受众最感兴趣的和对他们最有用的是什么？ ●什么风格和语调合适？
时间长度	●时长多少合适？ ●为满足目标受众需求和时长，材料充分吗？您还需要更多的材料吗？或者您需要整理材料，挑出最有趣和最重要的内容吗？
材料的组织	●对您的目标受众来说，排列材料的最佳方式是什么？最重要的材料是什么？ ●您要把播客内容分成几个部分？考虑这是不是向目标受众展示材料的最佳方式。
结构	●考虑一下您打算如何介绍播客——您的听众需要背景信息吗？ ●您将如何向听众表明您正在转换话题？例如，您会使用声音提示吗？或者您会给每个部分确定一个标题吗？或者通过提问来说明？
制作计划	●考虑好您制作播客的每一阶段的时间和地点。例如，每个阶段的研究、写作和记录需要多长时间？您需要安排一个安静的时间和地点来记录吗？
设计	●查看后文。

4.13.2　准备文稿

●如果您认为对您有帮助，在录音之前把您想说的话写下来。考虑一下怎样做最适合您，是一字不差地全部写出来，还是只写提纲。

●即使您不想写详细的播客文稿，准备一份书面的章节次序或备忘录也是很有帮助的。

● 不要花太多时间去修饰措辞，早些进入测试阶段，看看您的材料是否有效。

4.13.3　测试播客

听起来效果如何？

● 朗读材料，看看内容是否合适。

使用群众演员

● 鼓励您的朋友、学生或与您的目标听众相似的人来试听。

4.13.4　录制播客

录制和编辑工具

录制您的声音最简单的方法是使用连接到您电脑上的麦克风，或者内置麦克风。如果您的计算机上还没有安装录音软件，可以使用一些免费的工具，比如Audacity，用它编辑音频比较方便。

排练

先试录一遍，然后确定哪些内容需要调整，最后再重新录制。

编辑

删除停顿、背景噪声、咳嗽、"嗯"和"啊"等口语，以及其他多余的内容。假定您的听众时间有限，切记：好的播客质量可能取决于您遗漏了什么，也可能取决于您包含了什么。

4.13.5　发布播客

文件保存格式

若文件以WAV的格式保存，使用计算机软件将其转换为MP3格式文件。

上传到网络

在这个阶段，您需要决定是将您的文件与简易资讯聚合（RSS）一起放在计算机服务器上，还是将它们上传到在线工具（如iTunes或其他在线服务）上进行托管。在iTunes上获取音频文件是一个简单的过程，但需要耗费一些时间。将音频文件放到计算机服务器上并生成简易资讯聚合有点棘手，不过网上有一些工具可以帮助您。您也可以在您的虚拟学习环境中这样做，另外，您还可以使用社交网络工具（如脸书、博客、MySpace®、推特）来托管或链接播客。

更新播客

添加新的音频文件（剧集）并更新简易资讯聚合，以便听众和订阅者可以获取。

4.14   本章小结

播客是一种不断扩展的网络资源。由于它们是以音频或视频形式出现的，所以丰富了您的学习方式，并使学习更容易、更愉快，如果您喜欢"靠耳朵"学习，它们尤其有用。

与互联网上的许多信息一样，播客在产品质量、内容的可靠性和通用性方面也各不相同。您需要有选择性地筛选要听的内容，并将播客内容与其他来源的内容结合起来相互印证。您可能很快就会发现质量和风格上的差异，以及某个播客是否符合您的喜好。

播客制作起来很容易，您也可能需要制作播客作业。根据您制作播客的目的，您可能希望在设计和品质方面多花些心思和时间。为了让别人更容易找到、使用和分享您的播客，您有必要站在目标听众的角度思考一些问题。

如果您喜欢使用播客辅助学习，或者需要在课程中使用它们，那么您可以使用一些学习策略，这样您就可以有效地利用您的时间。与任何学习领域一样，良好的组织、计划、时间管理和建设性的批判性思维都是必不可少的——在使用播客时，这些方面都有专门的应用策略。

第5章

博　客

学习目标

本章阐述以下知识：

- 作为一名学生，您如何使用博客。
- 了解如何创建、设计和宣传自己的博客。
- 思考如何吸引读者，学会如何加入博客社区。
- 在学术工作中使用博客时应用的学习技巧。
- 关注博客网络礼仪，如隐私、保密性和建设性的评论。

引言

博客是一种网络日志，不像传统的日记属于私人文档，博客在网络上可被多人阅读，并易于创建、分享、编辑、更新和订阅。

1994年，博客在网络中第一次出现。从1999年开始，随着技术的普及，博客快速激增，并逐渐发展成为人们关注新闻、分享思想和感情交流的重要工具。全世界每天创建的博客超过7万。

许多院校现在为教职工和学生提供博客服务。根据课程安排，您可能需要阅读学科领域专家、教师、其他学生或公众所写的博客。您也可能会被要求开通一个或多个博客，用于个人发展或特定的学术目的。此外，您的课程或机构的一些管理信息可能通过博客发布。

本章主要讲解：

- 创建并维护自己的博客。
- 如何运用良好的博客设计原则。
- 学习期间有效利用博客。
- 针对自己或他人所写的播客，批判性地思考其设计和内容。

5.1　博客是什么?

5.1.1　"博客"词义

"博客"(blog)是"网络"(web)和"日志"(log)两个单词组合的缩写。
- "博文"是指在博客上发布或编辑的文章。
- "博主"是指创建博客的人。

5.1.2　博客的特点

类似杂志

博客是在网站上创建的日记或日志,它们可以很容易地编辑、更新和分享。正如人们写日记的习惯不同一样,博主也形成了不同的博客写作风格。类似杂志,人们也倾向于定期更新博客。

易于使用

创建、维护和分享自己的博客非常简单,阅读他人的博客也像阅读互联网上的任何其他内容一样方便。

免费创建

免费的工具帮您创建博客。

博文顺序

博文按时间倒序排列,所以您最近的博文,出现在博文列表的最上方。

分享博客

博主可以让博文保持私密性,只与个别亲密的朋友分享,也可以与多人分享,甚至还可以向全世界所有人免费开放。博主也可以让读者发表关于博客的评论。

5.1.3　博客的格式

博客通常是文本格式的,但可以包含图片、影视、超链接、播客或其他在线内容,包括上传的文件。它们可能包含指向其他在线内容的链接,帮助读者找到相关信息。

5.1.4　博客的个性化

博客在长度、风格、更新频率和外观上有很大的差异——有时很难分辨一个网页是否是博客。创建博客的工具多种多样,而这些工具又提供了多种模板、背景、字体和工具供选择,这意味着您可以创造性地设计自己的博客、体现自己的个性,以适应您的风格或目的。

5.1.5 哪里有博客？

博客被广泛使用，所以您很可能在互联网上偶然发现它们。当您使用如谷歌或雅虎这样的搜索引擎在网上查找特定的条目时，搜到的一个或多个结果可能指向博客的链接。您可以找到各行各业的名人所写的博客。企业和慈善机构也会使用博客，因为它们可以给原本冰冷的网站带来更多的人情味。

5.1.6 需要的设备

阅读或创建博客所需的唯一设备是连接到互联网的计算机设备，它可以是一台个人电脑、笔记本电脑或智能手机等移动设备。

行动：浏览博客

搜索您最喜欢的乐队或歌手的博客，看看博客的格式和文章的显示方式。记下这些博客中您最喜欢的部分，用来帮助指导您的博客设计。

5.2 学生对博客的看法

学生们花很多时间在网上搜索信息。有时，这些搜索会指向博客。在这里，学生们回顾了他们阅读博客并将其用于学术研究的经历：

"作为一名政治学学生，我发现博客是一个非常有用的信息和观点来源。一些重要的政治评论家每天更新他们的博客，他们的评论第二天就成了新闻。"

"我必须准备一份关于对农作物进行基因改造的伦理问题的作业。虽然很容易找到关于转基因农作物的科学信息来帮助我阐明我'赞成'的论点，但我需要阅读和理解更多的关于个人和情感方面考量的文章，以便对'反对'的论点有所了解。我找到了一些写得很好的反转基因活动人士的博客，这些博客帮助我理解了争论双方的观点。"

"作为一名时装专业的学生，媒体和名人对我来说确实很重要。去年，我不得不在伦敦时装周上评论新一季的服装，我阅读了时装设计师、时尚评论家和媒体写的博客。这对我来说非常有帮助，因为我看到了来自时装界主要评论者的广泛意见，我能够引用他们的博客文章来支持我自己对展出的新设计的看法。"

许多学生需要在他们的课程中完成一个博客。对于大多数人来说，这将是他们第一次写博客，这可能是一个令人畏惧的经历。在这里，学生们分享了他们写与学术研究相关的博客的经历：

"我一直记日记，所以对我来说，写博客只是做同样事情的一种更公开的方式……事实上，这比写日记还好，因为我可以和别人分享我的想法！"

"起初，我害怕在博客上写任何东西，因为它会被永久地记录在互联网上，但很快我就学会了尊重这一点，并认真思考。这肯定奏效了，因为我的博客作业得了高分。"

"我很高兴我的讲师教我们如何使用博客……我想一直记录我的项目进展，但不知道如何在互联网上做这件事。通过我的博客，我收到了很多有用的意见和想法，它们促进了我的研究。"

5.3 创建博客的原因

下面是创建博客的一些原因。通过阅读这些内容，您可以了解如何使用博客来支持您的学习或工作，或者仅仅是为了娱乐。为了集中精力，在开始写博客之前，请认真浏览以下内容，勾选您想要进一步思考的事项。

□**通过……形成自己的观点**
- 把想法记下来；
- 定期返回工作岗位；
- 从人们对您帖子的评论中获得新的视角。

□**同伴支持**
- 分享您的经验，以支持其他学生或同事；
- 分享您为自己设定的目标，这样别人就能帮助您保持专注；
- 听取他人的建议和鼓励。

□**用于团队或小组工作**
- 帮助团队保持联系；
- 作为团队或小组的领导者，帮助其他成员跟上您的计划；
- 大家分享想法和信息；
- 共同发展团体的理念和计划。

□**通过……增进自己的理解**
- 通过写作来思考课程中的难点；
- 获得他人的意见。

□**记录成绩**
- 为您的简历和求职申请提供信息；
- 记录您如何发展、展示和应用各种技能；
- 就业经历的细节；
- 参与体育、艺术和志愿活动获得的技能和素质。

□**经验总结**
- 支持课程或基于工作的需求；
- 将理论与实践联系起来；
- 克服困难和挑战。

□**记事本**

- 定期更新自己的经历和想法，为未来做好历史记录；
- 项目或研究的日志。

□**通过……来了解他人**

- 告诉他们您的情况，让他们了解您是谁、您的兴趣所在；
- 回复帖子，开始一段"对话"；
- 创造一个机会，与课堂上没有机会交谈的人进行接触；
- 将博客开放给朋友圈之外的人。

□**让别人了解您的最新消息**

- 您的朋友和家人了解您的近况；
- 您的同学了解您在假期的动态。

□**随着时间的推移，分享……**

- 实习或短途旅行；
- 工作安排；
- 国外的一年；
- 正在进行的表演或展览；
- 挑战，如跑马拉松；
- 正在进行的项目。

□**发展……方面的技能**

- 使用新技术；
- 为大众写作；
- 如果英语不是您的母语，那就用英语写作；
- 用您正在学习的语言写作。

□**通过……来创造一段经历的共同记忆**

- 写一篇文章；
- 张贴相关照片、短片或音乐；
- 鼓励在场的其他人也这样做。

5.4 创建博客

创建博客的步骤如下。

- 明确创建博客的目的；
- 选定目标读者群；
- 选定博客的标题；
- 选定博客发布的平台；
- 确定博客的形式和风格；

- 使用隐私设置；
- 决定谁可以发表评论；
- 开始写作；
- 形成写作规律。

5.4.1　明确目的

首先确定创建博客的原因，可能不止一个，下面的提示可以帮助您理清思路。

创建博客的目的

勾选适用项。

☐ 只是试一试

☐ 与他人保持联系

☐ 同其他学生分享观点

☐ 分享对个人项目的想法

☐ 为了满足课程要求

☐ 其他原因（详列）

5.4.2　选定目标读者

您需要考虑博客的内容、设计和风格，考虑您想让谁来阅读，以及您想让他们如何参与其中，所以一开始就要花时间思考谁是您的目标读者。

谁会读我的博客

勾选适用项。

☐ 只有我

☐ 我和亲密的朋友及家人

☐ 有共同兴趣的人

☐ 我的教师/导师/考官

☐ 其他同学

☐ 我的老板、导师或学术顾问

☐ 工作同事

☐ 互联网上的任何人

☐ 其他人员（详列）

5.4.3　选定博客标题

您的博客标题通常会出现在页面的顶部，并会影响到谁会阅读它。考虑一下标题对潜在读者说了些什么——它是否给人留下了对博客内容和目的的正确印象？

行动：博客标题

在大学网站上或您所研究领域图书作者的"学术"博客上写下一串标题，将这些标题与个人博客和名人博客的标题进行比较。

- 您注意到了什么不同？
- 什么能让您的博客标题在您的目标读者中脱颖而出？
- 您想要的标题是否为您想吸引的读者设定了合适的基调？

5.4.4　选定博客发布平台

通过您所在院校发布

对于课程作业而言，请检查您所在院校是否提供了在其网站上创建博客的工具。如果是，它将提供关于如何访问并创建博客的信息。

通过免费在线网站发布

对于个人博客而言，若想吸引更多的读者，互联网是更好的选择。选择一个常用的免费在线服务网站，根据导航创建一个账户，您可以在几分钟内搞定所有事。

免费在线博客工具

当创建博客时，有很多可供选择的在线工具。例如：

- 博主（Blogger）
- 文字社（Wordpress）
- 生活杂志（LiveJournal）

如果您有一个谷歌账户，您可以用它作为您的博客账户。或者，在您最喜欢的搜索引擎中输入"免费博客"。免费的博客服务是通过广告来维持经营的，所以对于看到大量广告出现在您自己的博客页面上要有心理准备。

当您变得更有经验，并希望接受更好的服务和工具时，那么您可以付费升级您的账户，并从您的博客页面上删除广告。

5.4.5　选择形式和风格

如果您在一个网站上建立了一个博客，那么在创建过程中您会得到专业的指导。通常会有各种各样的模板供选择，您可以挑选一个能传达正确的信息并符合自己博客的目标读者定位的。

行动：博客设计

浏览几个博客，看看它们在设计上的不同之处。对于每个博客，请注意：

总体印象

您的第一印象如何？是什么造成了这种效果？您的第一印象是想继续阅读还是马上跳过？

细节

使用下一节的表格来看看哪些设计特性对您有吸引力，并且可以用来启发您自己的设计。

5.5 博客设计：什么有效？

浏览几个博客，然后写下那些吸引您和让您讨厌的设计特点。根据这些感受来考虑如何设计自己的博客。

项目	我喜欢的 设计特点	我不喜欢的 设计特点	我将如何改进 自己的博客
屏幕总体布局 页面是由文本、图像还是空白主导？ 每种文本占多大？都有什么作用？ 找到突出特点容易吗？			
图片的使用 图片的数量和种类？ 页面上这些影像的位置？ 图片是吸引您还是让您分心？ 它们是否有助于对内容的理解？			
字体的大小和样式 考虑下面内容是如何使用字体的： • 标题 • 目录 • 正文 • 链接 • 文字效果			
颜色 颜色如何发挥作用？			
重点标识 如何使用标题、字体、高亮显示和其他特性来突出关键信息？			
多媒体 博文内容使用什么媒体？这些是增强博客吸引力还是分散读者注意力？			

5.6　优秀博客设计

所有的博客都是不同的，可以根据用户的喜好进行定制。然而，在设计自己的博客时，所有博客都应该考虑一些共同的特性。

您可以为博客选择部分网址。慎重选择，因为它会出现在您博客的链接中，并可能成为潜在读者决定是否访问您博客的一个重要因素。

标题。博客的标题应该放在网页的最上面，字体要大，清晰可见。

作者。博客的作者名字出现位置应该很醒目，在页面的顶部。有些博客作者不使用真名，但大多数专业人士使用真名，并会介绍他们的工作经历（例如，工作地点）。

超链接。根据博客的需要，您可以在博客文章中嵌入其他网站的链接，或者把它们作为博客的单独部分。为了让读者清楚知道这些链接的内容是什么，您一定要添加对链接的描述。

媒体链接。确定是否在博客页面上包含社交媒体链接（例如推特）。

云标签。大多数博客工具都会自动从您的博客中生成一个包含流行关键词的云标签。确保每一篇博客文章都包含标签（关键词），以构建云标签。

背景。许多博客都有与博客主题相关的背景颜色或图像。选择一个引人注目的背景，既能吸引读者的注意力，又不会让人分心。

评论。确定读者是否可见以及如何见到他人对文章的评论。

文章内容。文章内容可以是文字、图片、电影、链接、互动信息，也可以是这些内容的组合。最流行的博客使用文本和多媒体内容的组合来吸引读者的兴趣。

文章标题。每一篇博客文章都应该有一个信息丰富、清晰可见的标题，让读者了解文章的内容。您可能需要考虑使用不同颜色的文本使标题从背景中脱颖而出。

5.7　博客目标读者

5.7.1　创建期望

您的目标读者会带着一定的期望来浏览您的博客，无论这些读者是几周后又来访问的老读者，还是需要给您的博客打分的教师，或者是您的崇拜者，亦或是普通大众。他们的期望部分源于以下几点：

- 您选择的标题；
- 您发布博客的平台；

- 您选择的模板和设计；
- 用户首先看到的，总是您最近发布的文章。

反思：设置预期

如何在您已经建立或打算创建的博客中应用以上各项？

这些方法对您的目的有效吗？

5.7.2　风格和语气

对于您的目标读者，哪种写作风格和语气会鼓励他们阅读并持续关注您的博客？

对于下面的每种属性，请选择您的博客所在的位置：

非正式的 ……………………………………………………	正式的
友好的 ………………………………………………………	敌视的
主观的 ………………………………………………………	客观的
热情的 ………………………………………………………	冷漠的
武断的 ………………………………………………………	审慎的
肤浅的 ………………………………………………………	深沉的
幽默的 ………………………………………………………	严肃的
娱乐的 ………………………………………………………	学术的

5.7.3　简洁

- 文章要短——字数不要超过1 000字。
- 简明扼要——如果您能用更少的词，那就这么做。

5.7.4　提供指导

- 使用标题、粗体、颜色或其他效果来标记文章的新内容或主题。
- 突出关键词、主题或结论，以吸引读者的注意力。
- 链接到其他站点，帮助读者访问与您的文章相关的信息。

5.7.5　添加多媒体内容或链接

大多数工具都允许您发布图片、视频和超链接，这可以让您的博客内容更丰富、更有趣。

- 保持图像文件的大小适中，这样它们就能快速加载到页面上。
- 遵守图片和其他多媒体内容的版权许可。

5.7.6　编辑

核查文字的拼写、语法和意义。如果您的博客看起来像是精心制作的，读者更有可能成为您博客的忠实读者。

5.7.7　持续更新

定期更新，最好每周至少更新一次。如果信息看起来陈旧，读者将不再关注。

5.8　分享和宣传博客

5.8.1　选择您的读者

博客作为在线日记或日志的性质通常意味着您想让其他人阅读。然而，对于谁可以访问哪些类型的信息，要仔细考虑清楚。

5.8.2　学术作业

除非您需要和同学来分享您的博客，否则通常而言，作业中需要使用的材料不能被其他访客看到。如果其他学生使用了您的观点或文章，您可能无法证明这一点。您在学校的虚拟学习环境中创建的博客很可能只有您和您的教师才可以看得到。

5.8.3　使用隐私设置

根据您所使用的工具，决定如何发布每一篇博客文章——无论是私人的、访问受限的，还是公开的。

私人的

这意味着博客文章（或整个博客）只有您自己才能看到。

访问受限的

这意味着您决定谁能阅读您的文章（或整个博客）。这种程度的控制通常可以在学术环境中使用，并且可能已经由您的教师预先设置好了。

公开的

这意味着任何人都可以阅读您的文章（或整个博客）。然而，谁可以在您的博客上发表评论是可以控制的，在您开始发布文章之前，请确保您知道您博客的隐私设置。

5.8.4　宣传您的博客

您的博客将与许多其他博客竞争读者在线时间的份额。如果您希望拥有大量的公众读者，下面的行动会有所帮助。

- **读者视角**

依据上文的指导，按部就班进行。

- **焦点**

如果您的博客有一个主题，一定要检查您最近的帖子该主题是否醒目。由于博客通常按时间倒序发布文章，读者可能会错过您早期文章中提供的信息。

- **使用标签或关键词**

每篇博客都使用标签，因为这有助于用户在搜索特定主题时找到您的博客。

- **更新要及时**

每隔几天就要更新博客以便吸引读者。如果一个话题是公开的，那么更要频繁地更新，因为几乎没什么主题能长时间吸引读者的兴趣。

- **设计和链接**

一个精心设计和吸引人的博客，会经常使用多媒体和相关链接，这样可能会吸引更多的读者。

- **使用社交网络**

为了吸引更多的读者，您可以使用如脸书或推特这类的社交网络工具链接您的博客，这样可以吸引更多对您的博客主题感兴趣的读者。

- **加入社区**

如果您在别人的博客上发表评论，并从别人的博客链接到您自己的博客，您的博客就会得到关注。如果您把您的博客链接到其他人的博客上，他们的作者很可能也会这么做，从而扩大您潜在的读者群体。

5.9　博客的评论

博客与传统期刊的一个关键区别在于，开放读者评论，这可以让您与他人在线交流您的想法和发现。

5.9.1　选择评论的读者

创建博客时，请配置适合自己的评论工具。正常情况下，该设施将向您允许的任何读者开放。不过，您可以要求读者登录或注册您的博客，以便记录谁发表了评论。

5.9.2　引用和追踪

许多博客工具都内置了引用和追踪等功能，当其他作者链接了该文章或博客时，这些功能会提醒博客作者。这是一种承认，告诉您有人在他们的文章中提到过您。

5.9.3　鼓励读者评论

一般来说，大多数读者不会发表评论。如果您希望他们这样做，以下几点会有所帮助——鼓励其他人评论，如果他们能看到您积极参与互动的话。

- **问问题**

在您的博客文章中包含一个清晰的问题，以表明您欢迎评论，并为这些评论提供主题。

- **回复评论**

如果读者确实对您的文章发表了评论，您可以通过回复来表示感谢。

- **表达兴趣**

当人们发表评论时，询问相关的后续问题。考虑阅读他们的博客，如果您这样做了，让他们知道。

- **表示尊重**

博客的本质鼓励人们就他们觉得有意义的话题发表意见，即使那些评论持有强烈的反对观点，对其也要表现出尊重。避免以抵触或愤怒的方式回应，因为这可能会阻碍他人在博客上发表更多的评论。

- **不需要注册**

您可能希望读者注册，但要注意这并不鼓励他们进行评论。

- **设置评论规则**

一些博客工具提供评论规则，您可以将其用于自己的博客。如果没有，您可以为评论者如何与您的博客进行互动设置基本规则。

一般来说，博客作者鼓励评论，但只回应有建设性的、有用的和措辞良好的评论。大多数博主会很乐意您在评论中加入一个"签名"，因为只要与您的博客内容相关，它就会链接到您自己的博客。

5.9.4　评论他人博客

对于写博客，就像对待其他行为一样，要尊重和体谅他人。读者可能不清楚，博主花费了大量的时间和精力来维护自己的博客。因此对他人博客进行评论要注意以下几点：

- 如果您喜欢某个帖子，表达感激之情；
- 让他们知道您觉得有趣的事情；

- 用词要严谨和尊重；
- 避免评论的意思被曲解；
- 避免对令您恼怒的观点做出反应；
- 用建设性的方式表达不同意见。

5.9.5 处理垃圾评论

垃圾评论在博客中是不可避免的。有的个人或公司使用博客的评论功能发布链接或内容，以鼓励读者访问他们的网站，这些通常与您博客的主题完全无关。大多数博客工具都内置了垃圾评论过滤功能，以自动过滤此类评论，但您可能必须手动从博客中删除一些漏网之鱼。

5.10 建设性评论

5.10.1 评论规则的主要内容

如果您决定在博客中设置评论规则，您可能需要涵盖以下内容：

方法：需要或鼓励建设性评论的方法。

长度：设置评论的最大长度。

规则：提供对于尊重、保密和隐私的规则或指导方针。

编辑：说明是否保留对评论进行编辑的权利。

攻击性评论：说明您会删除哪些评论（如果有的话）。

链接：声明是否回复包含指向自己博客链接的评论。

评论引用：明确您是否会使用您博客上的评论，以原文或修改过的形式出现。

保留时间：明确您是无限期地保留评论还是定期删除。

5.10.2 建设性的评论和回应

- 让博主觉得您尊重他们的博文；
- 保留博主和发帖人的评论，让他们觉得受到尊重；
- 内容要健康积极向上；
- 添加一些可以讨论的内容或者提出新的观点来引发思考；
- 以积极的方式使用幽默语言；
- 尊重隐私和保密；
- 帮助博主改进博客；
- 用积极的心态将其他发帖人的主意和建议提供给博主。

5.10.3　破坏性的评论和回应

- 传递过多负面信息；
- 使用辱骂或不友善的语言；
- 忽视博主的评论规则；
- 让博主或发帖人感到不受尊重、愤怒或不舒服；
- 侵犯个人隐私，不遵守保密原则；
- 用讽刺的方式来使用幽默语言。

行动：建设性的评论

阅读下面的评论，判断每一条评论是建设性的还是破坏性的，说明原因：

1.如何度过实习的第一天？我的意见是：携带一瓶水，以防您没有休息时间喝咖啡！

2.我喜欢您关于在当地学校做志愿者的博客。我很受鼓舞，我要看看是否我可以加入我们学校的这类计划！

3.所以，没什么大不了的！虽然您错过了登山实地考察的机会，但这不是世界末日，为什么要抱怨呢？您想在冬天去登山吗？

4.我一直在关注您的博客，以便了解您研究的最新情况。我得说我觉得您的方法有点落伍了。我想您应该对吉姆·琼斯的作品很熟悉，他的作品表明您需要用生物学的方法来解决这些问题。

5.我在考试中也有同样的经历！很高兴知道我并不孤单！

5.11　博客学术作业

5.11.1　创建博客学术作业的原因

根据您的学习计划，完成一篇博客作业写作的原因会有很大的不同。通常，您的教师会在课程材料中解释他们的理由。了解这些理由，这样您的博客才会有针对性。

看看以下的这些原因是否适用于您的博客作业，勾选适用项。

□鼓励思考

□协助学生建立一个学习社区

□帮助学生摆脱孤独

□鼓励学生定期或随时思考特定的问题

□帮助提高写作技能

□鼓励学生一起协作，以加强他们对问题的理解

5.11.2　评分标准

检查您的博客作业是否：

- 可选的；
- 必修但不评分；
- 必修并评分。

仔细了解分数将如何评定。例如，您的得分中可能包括以下部分或全部项目：

- 积极参与撰写博客；
- 您的博客在多大程度上完成了目标任务，比如在目标读者中的影响；
- 针对博客内的特定内容；
- 在别人的博客上发表评论；
- 关于如何思考、理解或发展某个特定的项目，通过博客发表关键性的评论；
- 通过博客反映您的思维发展脉络；
- 博客的形象、风格和语气。

5.11.3　遵循指导方针

如果您的博客是教师布置的作业，那么您可能已经得到了关于写什么和什么时候写的非常具体的指示。如果是这样：

- 从一开始就检查博客内容是否符合要求。
- 不时地再检查一遍。

确保您符合评估标准，特别要注意的是，以下各项是否有具体要求：

- 字数限制：帖子是否有最多或最少字数的限制？
- 频率：多久写一次博客？
- 时间安排：您是否需要在特定的时间写博客？
- 风格和语气：您是否还需要向特定的读者发表博文？

5.11.4　文字的准确性

对博客文字的语法和拼写进行编辑（您的博客工具可能不会自带拼写检查功能）。如果您发现了一种错误，通常您可以回过头来编辑您已经发表的博客文章，修改类似的错误。

5.11.5　核查内容是否通顺

大声朗读——这是检验它是否通顺的最好方法。当您在屏幕上默读时，很容

易忽略遗漏的单词、措辞怪异的段落，甚至忘记粘贴句子的关键部分。

5.12 博客学术反思

5.12.1 拓展思维

如今，越来越多的课程作业要求学生通过博客完成。这样做的原因之一是，定期就一个主题进行写作可以促使大脑不断产生更多认识和想法，从而使大脑在思考问题方面得到更多的锻炼。在每次发帖之间，您的大脑可能仍然在思考，因此当您再次开始写作时，您会拥有更多新颖和完善的想法。

5.12.2 深度思考

写作是一个相对缓慢的过程，所以当您写作时，大脑要有充分的时间来思考和创作。

5.12.3 学术作业

您可能会被要求写一个进行学术反思的博客，作为研究项目成果的组成部分。这是为了鼓励您在以下几个方面进行多角度的思考：
- 将任务或项目概念化。
- 规划您的工作或项目。
- 将您的学习应用到新的环境中，比如将课堂上所学的理论应用到实际的工作或生活环境中。
- 与他人合作，管理困难或复杂的任务，应对挑战，并为自己的行为承担责任。
- 评估已经发生的事情并从中吸取教训，以便下次做得更好。

5.12.4 第一阶段反思

您在个人博客上的最初反思很可能是粗略且快速形成的，它同个人的主观情感、观察以及一系列的思维意识有关。用这种随意的方式记录想法对学生很有帮助，因为它允许学生自由思考。

5.12.5 第二阶段反思

在把您的博客展示给别人之前，编辑和修改您最初的评论是很有用的，这样它们才能更加符合您的最终目的。作业评分要求中，要写一小段文字归纳您的思想。
- 不要胡思乱想。

- 将零散的观点综合起来，进行总结和归纳。
- 将您的想法与相关理论联系起来。
- 把您学过的东西写出来。
- 明确您将运用何种方式完成任务、解决问题或提交项目报告。

5.13　项目开发博客

5.13.1　学生项目

在您学习的某个阶段，您很可能会承担一个项目，这个项目需要您自己设计完成，这样您将得到充分锻炼。您需要展示以下几点：

- 确定一个与您的研究相关的项目，在时间范围内规模可控，具有合理的挑战性。
- 以本学科内的知识积累创建结构框架。
- 收集、分析、展示和归纳相关数据。
- 运用相关理论。
- 证明并展示您具备独立思考的能力，并能管理项目取得最终的成功。

5.13.2　项目阶段反思

在完成项目的过程中，您思考的问题会不断发生改变。以下几点提示会帮助您在各个阶段扩展您的思维。

5.13.3　项目选择

- 您之前的哪些研究启发了您自己的项目？您为什么对此感兴趣？
- 您希望您的项目达到什么目标？
- 您将如何在这个主题的基础上为以后的一个更大的项目或论文，或更高层次的学习做准备？

5.13.4　伦理问题

通常，学生的项目会涉及伦理方面的考虑。您可以用博客来思考这些问题，权衡双方的观点。

5.13.5　技能

- 您将如何运用目前的技能来完成项目？
- 通过这个项目，您可能会学到什么新技能？

5.13.6　动机

学术或工作项目可能是复杂的、多层次的，会带来挑战和挫折。思考个人博客写作是否会帮助您：

☐ 专注于您的目标
☐ 确定选择并致力于您喜欢的项目
☐ 识别潜在的障碍并加以处理
☐ 找出让您感到困难的地方
☐ 思考复杂材料的意义
☐ 进行情绪、挫折管理
☐ 权衡潜在解决方案的利弊，从而找出适合自己的策略

5.13.7　背景资料阅读

- 在这个项目的背景资料阅读中，您最感兴趣和印象最深的是什么？
- 您能从以前的研究中学到什么？

5.13.8　项目管理评估

您如何管理好项目的每一个阶段？
- 计划：设定时间尺度和分水岭？
- 是否找到合适的项目进行设计？
- 是否进行数据的收集与分析？
- 是否进行团队合作？
- 是否有最后期限？
- 是否撰写项目报告？

5.13.9　整体项目评估

- 您的项目是否达到了当初所设定的目标——满足教师（或客户）的要求？
- 哪些方面进展顺利？
- 哪些方面可以做得更好？
- 下一步您打算怎么做？

5.14　专业发展博客

如今，越来越多的学生将学位视为通往一份好工作和职业的重要途径。反思性的日志或博客在许多方面被用来帮助支持个人和专业的发展。

以下各部分内容，从（a）或（b）勾选一个适合自己的：

（a）我的项目就是这样使用博客的。

（b）对我来说，以这种方式使用博客是有用的，即使我没有被要求这样做。

1.职业规划

（a）□　　　　（b）□

在大部分课程内，学生均有机会对一些学习的内容做出选择，而这些选择最终可能会影响：

- 哪些职业生涯向您敞开；

- 在面试和未来的工作中，您所具备的知识和技能；

- 您会给未来潜在雇主留下的印象——您是一个具有特殊专长或兴趣广泛的人。

一个反思性的博客可以帮助您思考您的潜在选择，梳理出不同选择的好处。

2.专业思考方法

（a）□　　　　（b）□

现如今，越来越多的专业和职业领域，从医学和护理专业到商业或工程，都要求员工通过积极参与对其工作进行批判性反思，或就其工作的一个特定方面进行持续关注。即使您还没有被要求这么做，定期对您的表现进行结构性的反思，也必定会加深您对工作内涵及应用方面的理解，从而受益终生。

3.评估您的教育及培训

（a）□　　　　（b）□

反思一下您接受的教育及培训对改进您的工作方法和实现计划目标的作用。

4.案例研究

（a）□　　　　（b）□

您可以使用个人或共享的博客来解决工作、学习或课外活动（如志愿活动）中正在发生的问题。经常反思一个具体的案例、问题或例子，可以帮助您逐步理解如何解决一个复杂或困难的问题。

5.技能应用分析

（a）□　　　　（b）□

当您认真地把自己掌握的技能用于完成项目，而没有停下来思考这些技能对未来的工作有无裨益时，您可以用一个反思的博客来思考：

- 您最近发展了哪些技能？

- 在其他情况下，例如在某些特定的工作中，这些技能是否也适用？

- 您将如何在新的环境中运用您目前的技能？

- 如果您的技能有缺陷，您可以通过选择特定的学习项目或课外活动来弥补吗？

6.跟踪发展

（a）□　　　　（b）□

随着时间的推移，对您运用技能的情况进行反思，并从反思中总结和吸取经验教训，就能帮您更熟练地处理日益复杂和困难的问题。回顾以前的博客可以全面地帮助您了解自己所在专业领域日新月异的变化，这些对您写求职申请和面试都很有帮助。

5.15　清单：创建学术研究博客

作业简述
□作业的各项具体要求
□博客的目标
□完成作业的最后期限
□所有的资源都应适当地引用和参考

站在读者角度
□博客是为目标读者精心设计的
□博客的语气和风格要适合目标读者
□每一篇博文的核心主题对读者来说都是显而易见的
□必要时提供背景说明，帮助读者理解内容
□隐私设置与目标读者相匹配
□已采取适当措施加以保密

设计和结构
□所用到的颜色和图形要相互搭配，可将博客的重点和目标展示给读者
□恰当使用模板，以便将博客的重点和目标清晰展示给读者
□将大段文字分解成小段文字以便读者阅读
□每一篇文章都观点鲜明，符合逻辑
□恰当使用小标题或其他符号标志，以便读者轻松找到所需

长度和频率
□每一篇文章的长度都要合理
□博客的更新频率符合作业要求

内容
□内容应符合博客主题
□内容应与学科相关
□博客应掌握好个人观点和学术观点的平衡
□博客文章应有理论依据

□博客应包含批判性的自我反思

□当引用其他资料来源时，应有证据表明这些引用有必要且至关重要

特色

□向读者提供有用的链接

□合理使用多媒体

风格及编辑

□博客应以通俗易懂、生动有趣的写作方式呈现给目标读者

□通过在读者面前大声朗读，确定读者是否理解博客内容

□通过校对，确保拼写、语法和打字的准确性

总结性的结尾

□紧扣作业简述

□全方位思考

□理论联系实际

□慎重使用意见和反馈

□总结经验教训

□合理利用参考资料

其他相关事项

5.16　案例研究：学生项目博客

5.16.1　项目简介

贾斯敏是一名化学专业的大四学生，作为研究项目的一部分，她被要求维护一个博客。她的研究项目全年都在进行，她每周有一到两天和她的导师或导师的博士生一起在实验室里做实验。贾斯敏的博客成绩占研究项目总成绩的10%，该研究项目的所有其他学生、项目主管以及课程负责人都能看到她的博客。

5.16.2　贾斯敏的最初担忧

贾斯敏最初对博客对于研究项目的价值持怀疑态度。她的学术导师要求她保存一本详细的实验记录，记录她在实验室里的活动，她觉得写博客就像写实验记录一样。她不希望别人看到她的博客，以防他们批评她的想法。然而，由于这是一项强制性的活动，她不情愿地开始在博客上发帖：

"我今天一整天都在实验室里，没有得到任何结果……我很担心，如果这种情况继续下去，我要在论文中写些什么……"

5.16.3 得到帮助与支持

几天后，当贾斯敏再次登录博客时，她发现自己的第一篇文章下面有三条评论。其中两条来自该课程的同学，他们安慰她还有足够的时间去收集数据，同时表示自己起初也有与她一样的烦恼。第三条评论来自她的学术导师，建议他们见面讨论项目进展情况。贾斯敏指出，她不再为自己的处境感到焦虑，因为其他人知道她在经历什么，而且她的老师会为她提供建议和支持。这些支持性的评论让她感到使用博客受益良多。

5.16.4 拓展项目思考

贾斯敏的下一篇博客文章考虑得更多、也更详细，其中包括了她计划进行的实验的设想。

"今天，我和导师的博士生马利克进行了一次富有成效的交谈。我们讨论了我的项目，结果，我产生了三个新想法，要在未来几周内进行测试。我要在这里总结一下，以免遗忘。首先，通过与马利克的交谈我意识到，如果我用工业液体代替我过去所使用的实验性液体，也许实验反应会更强烈。通过第一点很自然地引申到了第二点，观察镀锌金属的产物……我不确定第三点的含义，现在我着手将它记录下来……"

几天后，贾斯敏注意到，她在实验室里与之交谈的那位博士生在这篇博客上发表了评论，阐述了他关于如何完成其中一个实验的想法，这使贾斯敏的理解进一步加深了。

5.16.5 扩展博客的使用

贾斯敏开始重视她的博客作为一种澄清她的想法和收到反馈的方式。她每周至少抽出30分钟回顾自己在实验室的经历（包括好的和坏的），与其他学生分享数据分析方面的技巧，并就撰写论文提出问题。她发现，她的博客文章越有趣、回复越多，她收到的评论就越多。

贾斯敏的最后一篇博客总结了她的经历：

"这个博客让我觉得我是整个社区的一员，那里的人们分享着生活的起起落落。通过写这个博客，我对自身的能力和技巧有了更多的了解，它对我论文写作方面也给予了极大的帮助。今后我还会继续利用博客进行课题研究。"

5.17　案例研究：实习博客

5.17.1　实习项目

道格是一名保健专业的英国学生，他选择在德国的一家医院完成他的实习。道格的德语很流利，对于在这家大医院未来 6 个月的实习他非常期待。开始实习之前，他被告知必须在实习期间开通一个博客来记录他的活动、专业发展和技能培训。他的导师会对他的博客记录进行检查，同时也会通过博客与他保持联络和定时答疑。然而，道格所在的学校没有博客工具，所以他需要在一个免费的网站上建立一个博客，然后将博客地址告之学校。

5.17.2　创建博客

道格是一个 IT 迷，即使从来没有使用过博客，对于如何创建博客他也很自信。通过几个小时的网络搜索，道格找到了一个提供优质服务的博客网站，随后便进行了下载安装。他发布了一条"世界，您好！"的信息，来检验博客是否正常工作，然后将链接发送给了他的大学导师。道格直到在德国一切安顿妥当，才重新登录他的博客。

5.17.3　添加博文

实习两周后，道格想起自己需要在博客上发表文章。刚开始他忘记了登录的用户名和密码，但最终他还是成功更新了他的博客。他将博文分成几个类别，这样帖子就会自动组织起来：

（1）日常内容；
（2）培训记录；
（3）技能拓展；
（4）工作进展；
（5）逸闻趣事。

5.17.4　专业发展博文

起初，道格并没有意识到花时间写博客的意义。他的帖子没有得到任何评论，追踪工具显示，只有一两个人读过这些帖子。然而，他坚持了下来，他通过书写博客来完整记录自己的专业发展动态，并相信这一定会对今后的个人发展发挥作用。

5.17.5　收到回复

大约两个月后，道格的导师在他的博客上发表了评论：

"嗨，道格，很高兴看到您在实习中收获颇丰。您已经在短时间内获得了真正相关的工作经验，继续保持良好的工作状态！我每周都会访问您的博客，通过博客感受您在工作中的成长和喜悦。上周我和您在医院的实习主管谈过，她对您的进步非常满意，干得漂亮！"

当道格看到这条评论时，他产生了一种强烈的成就感。他继续更新自己的博客，并开始写更长的文章，讲述他在国外工作和学习的经历。

5.17.6　建立朋友圈

几个月之后，道格为经常评论他的博客的人建了一个朋友圈，其中一些来自他所在的医院，另一些是英国学生，他们将于明年开始海外实习。他觉得有责任让他的博客尽可能的详细和丰富，以帮助其他学生。实习结束后，当道格回到英国后，他向自己的导师讲述了写博客的个人感受：

"我最近一直在浏览这些帖子。当我意识到人们真地在阅读我的博客后，我的语言和写作发生了很大的变化，这确定很有趣。它从为自己写的日记变成了为别人写的关于我个人经历的故事。来自其他大学的学生评论说，在开始他们的实习之前阅读我的旅行经历确实受益匪浅。"

5.18　利用他人博客

5.18.1　专家博客

博客被各个学科领域的专家、学者、评论家所广泛使用。作为一名学生，博客会在以下几个方面对您有所帮助：

- 最新出版的相关资料；
- 具有争议的发现以及热门讨论；
- 趋势、差距和关注点；
- 未来发展方向。

您也可以从更广泛的学术团体中获得有趣的视角。例如，您可以看到：

- 谁擅长对新话题发表有趣见解；
- 学者分析和工作思考的方式——他们注意到什么，以及他们研究的细节；
- 学术辩论是如何从一个评论或博客文章发展起来的；
- 谁先提出有用的意见；
- 什么主题会引发什么样的评论；

- 学科的发展方向，这可能有助于您规划自己未来的职业或研究；
- 参考对您目前的学术研究最有用的资料。

> **行动：最好的专业博客？**
>
> 浏览您专业领域内的博客：
> - 谁的博客写得最好？这些博客有哪些吸引您的地方？
> - 您想把哪些特色应用于自己的博客？

5.18.2　博客是信息的主要来源

现在，写博客的人越来越多，这些博客为我们提供了大量且越来越多的关于个人如何思考和生活的信息。博客已逐渐成为以下领域各类观点的主要来源：

- 在特定的时间内，哪些问题引起公众的关注；
- 在特定的时间内，在公共领域内传播的各种信息；
- 在特定的时间内，关于某一问题的看法是如何形成的；
- 非主流的少数派观点；
- 公众舆论如何形成。

5.18.3　趋势资料来源

只要使用可靠且可接受的度量标准对数据进行分类，综合整理大量博客的数据就可以为学生项目提供真实的信息。例如，表明人们对全球变暖等问题的关心程度的趋势，或者博客中的广告与销售模式之间的关系。

5.18.4　引用博客

您可能希望确认博客是您在学术工作中产生的想法、观点或愿景的来源，那么在您的文章中就要正确引用博客作为参考资料，就像引用其他任何原始资料一样：

- 作者的姓；
- 作者名字的首字母；
- 博客文章标题；
- 博客发布日期；
- 博客的标题；
- 浏览日期；
- 有效链接。

引用举例

Social proof, or informational social influence, is used to great effect by many on-line companies to improve their customer base and sales （Lee, 2011）.

参考资料举例

Lee , A. Social proof is the new marketing. 27/11/11. Techcrunch.com. Accessed 28/11/11. Available at： http： //techcrunch.com/2011/11/27/social-proof-why-people-like-to-follow-the-crowd/.

5.19 阅读博客的批判性思维

5.19.1 批判性评价的角度

博客是个人观点的来源。它们可以提供对一个问题的不同观点，从而提升学生思考问题的能力。

但是，对于学术研究工作，仅仅概述所有的观点似乎每个观点都自动具有同等的有效性是不够的，您需要对这些观点从不同角度进行仔细分析和研究，最终判断出哪种观点最有价值。

5.19.2 哪种视角最好？

不是每次都能轻易辨别出谁的想法最有价值。在所有资料来源中，都有可能存在漏洞、遗漏、未知之处、一些令人信服的论据，以及一些难以完全核实的论据。

5.19.3 质疑博客

关于专业性
- 关于这个博客我知道些什么？他们作为这方面的专家有什么证明？
- 博主使用什么信息来源？这些信息来自于专家吗？

关于意图与影响
- 我对博主的政治、经济或其他可能影响他们写作的价值取向了解多少？
- 为什么要写这个博客？
- 为什么要这样写？
- 目标读者是谁？他们的喜好如何影响博主对内容和方法的选择？
- 这个博客接受赞助吗？这会影响论点的内容或倾向吗？

关于证据
- 博主是否提供了有力的证据来支持他们的观点？
- 他们引用的资料来源是否清晰？
- 您能追溯到他们的原始资料吗？

5.19.4　检查信息来源

博主只需写完一篇文章，然后点击"发布"按钮，就可以把它发布到互联网上。博文可能是有趣的、令人愉悦的，甚至是信息丰富的，但它们不会像图书或期刊文章在出版前进行过审查那样，由学科专家对内容进行把关。

这意味着，如果您想在学术工作中使用博客中看到的事实信息，您首先需要通过查阅资料来源进行验证。撰写高质量博客的专家很可能会提供参考资料来源或相关链接。

- 检查信息来源，确保其本身质量良好——比如期刊文章、研究论文或学术教科书。
- 思考信息来源是否有任何理由存在主观倾向，比如出于政治或商业原因。
- 如果信息来源看起来可信，您可以自己阅读，仔细检查信息。
- 确保全文阅读时，信息仍然是您最初理解的意思——可能由于某种原因，它在博客中被曲解了。

行动：拓宽您的批判视角

浏览与您的研究相关的博客：

- 选择三种处理问题的不同方法。
- 写下您自己的想法如何受到这些不同方法的影响。

如果您的想法没有任何改变，原因是：

- 因为您太执着于自己的想法？
- 因为您可以在这些论点和证据中找出明显的缺陷。这些缺陷分别是什么？

5.20　写作博客的批判性思维

当您为学术目的写作博客时，要像对待其他学术活动一样，带着批判的眼光来看待材料。如果您的博客是作业的一部分，下面的问题可以帮助您在交作业前对其进行批判性分析。

5.20.1　是否与写作目的相符

大纲：我的博客在各方面都符合作业要求吗？

中心：内容是否紧扣主题？我讲了许多废话吗？我可以去掉部分不相干的材料吗？

平衡：它的内容是否在我的个人观点和对可靠证据的思考之间保持了适当的平衡？

5.20.2 是否与目标读者相符

您的作业摘要可能会指定博客的读者，例如同事、您的产品或演出的目标受众、关心健康问题的公众或下一年级的学生。如果没有，假定的读者可能是您的教师和考官。

为目标读者写博客有助于培养您对所传达的信息的批判性思维，因为您的教师将会关注您的博客是否充分考虑了目标读者的需求，所以写博客时请思考：

- 博客的风格和语气是否适合目标读者？
- 博客内容对他们有意义吗？
- 是否提供了足够的背景资料？
- 他们是否能够说出我想法改变的原因？
- 博客是否很明显地体现我相信/这样做/计划去做/这样说/这样感觉的原因？
- 大家都同意我的观点吗？我是否公平地涵盖了其他视角？
- 我是否完全接受读者在评论中的任何批评？

5.20.3 学术严谨性

- 我是否清楚地研究并考虑过其他人的观点和发现？
- 我的博客是否表明我读过关于这个话题的经典资料？
- 我是否展示了一种批判性的方法来对待我的资源，而不是只看其表面价值？
- 我是否已按照课程要求系统、完整地写出所有参考文献？
- 我所提出的观点是有充分的证据支持，还是有我提供的阅读材料支持？

5.20.4 逻辑和文字

- 我的写作是否清晰、连贯、明确？
- 我的结构安排合理吗？
- 大声朗读时是否通顺？
- 我是否可以修改或重写一些杂乱无章或过于冗长的部分，以使观点更清晰？
- 没有拼写和其他错误吗？

5.20.5 保密性

- 除非有明确的书面许可允许在我的博客中使用，否则我是否删除了所有可能识别他人身份的信息？
- 我是否删除了所有机密或可能被认为是机密的信息？

5.21 本章小结

5.21.1 为学术目的使用博客

在学习期间，您很可能会被要求使用博客，这一举措可以给您带来极大的享受，并为您提供许多拓展思维的新视角。但是，请确保您使用博客的方式符合您的作业要求，在大多数情况下，这将不同于在您的个人生活中使用博客。

5.21.2 利用他人的博客学习

明智选择

由于任何人都可以在不审查其专业背景知识的情况下创建博客，所以在出于学术目的的使用博客时，请明智地从该领域的专家中进行选择。

运用批判性分析

如果在学术作业中使用博客上的材料，请采取建设性的批判性方法，评估所采用的观点、论点的倾向、支持性证据和原始材料，就像您对任何其他来源材料所做的那样。

关注他人博客

如果您对一个博客感兴趣，就让博主知道。请以建设性的方式发表评论，如果该博客对发表评论有明确的规则，请务必尊重。您会发现，您的评论架起了您与博主，以及其他阅读者之间的桥梁，使您融入这个博客社区之中。

5.21.3 创建学习型博客

符合作业要求

注意按照作业大纲设计您的博客，重点关注评分标准和目标读者。

符合学术严谨性

除非您需要设计一个针对特定的公众读者或客户的博客，或者使用"意识流"写作，否则就采用学术方法。请表明您已经阅读了相关的主题，了解相关的研究和理论，并考虑了其中的优势和潜在的差距或缺陷，全面正确地引用所有资源。

运用批判性分析

对您自己的写作采取批判的态度，就像您应该对您所引用的资源或博客采取批判的态度一样。从您自己的写作中退后一步，批评您的论点，仔细检查您所提出的观点是否有充分的证据或阅读材料支持。

清晰的书写

永远把您的读者放在第一位，检查是否书写清晰无误。对于博客来说，您可以使用标题来帮助以一种连贯的方式发展和组织您的思想。在发布博客之前，大声朗读一遍博客，确定博客内容是否通顺。对某些重复和烦琐拖沓的语句进行修改以使主题得到更好的表达，检查拼写等方面是否有误，避免此类错误影响读者的阅读。

确保隐私

检查您是否删除了所有可能有助于识别第三方的引用，除非其已提供了允许您使用该信息的书面许可。

第6章

维 基

学习目标

本章阐述以下内容：

● 了解维基及其工作原理；

● 了解支持维基编写和编辑的原则；

● 了解何时以及如何正确使用维基作为学术研究的信息来源；

● 学习如何创建自己的维基页面；

● 学习如何与其他学生合作为小组项目编写维基。

引言

维基是任何人都可以进行编辑的网络页面，是提供有用信息的有效工具。目前，许多教师积极鼓励使用维基，只要与其他资源结合使用，并以适合高等教育的方式使用即可。值得关注的是，根据学习课程的要求，现在也有越来越多的学生需要编写和编辑维基。

协作写作在现今的工作生活中占有越来越重要的地位，同时也被视为研究性报告中不可缺少的一部分。基于这些原因，类似于需要使用维基的协作写作活动在本科生的学习生活中变得越来越流行。这种技能也是体现毕业生就业能力的写作技能之一。

本章将向您展示如何在学习中正确使用维基支持研究，它体现在以下几个方面：

● 了解维基导航的基本知识；

● 了解维基作为学术信息来源的好处和局限性；

● 理解何时以及如何使用维基百科作为一种确切资料来源的方法——同时认识到过度依赖维基百科进行学术工作的缺点和危险；

● 如果需要编辑维基作为作业的一部分，如何操作；

● 和其他学生一起创建自己的维基页面，或者作为小组作业的一部分编写维基。

维基的编辑遵循一定的原则，通过本章的学习，您可以学到相关的知识从而对维基为何以及如何以这种方式进行编辑有更好的理解。应用这些原则，会对您在学术研究中进行协作写作提供极大的帮助。

维基的"安全提示"

在高等教育领域，维基的一些使用，特别是维基百科作为作业信息来源的不当使用，是被广泛反对的。虽然创造性地使用维基可以极大地提高您的得分，但基于维基资源的糟糕使用也是学生在作业中失分的一个关键因素。

6.1 维基是什么?

6.1.1 "维基"词义

"维基"（Wiki）源自于夏威夷语，表示"快速""快捷"的意思。1995年，第一个以"维基"命名的网页诞生，全称是"维基网"（WikiWikiWeb），因此维基是对维基网的简称。

- 维基页面——可以由多个用户编辑的独立网页。
- 维基——相互链接的维基页面的集合。

6.1.2 维基是什么?

维基是一个许多人都可以为之做出贡献的网站，任何人都可以添加新材料并编辑已有的材料。换句话说，它是一个创造知识的团队合作。维基的主要特点是：

- 由一系列的维基页面组成，可由多个用户编辑；
- 用户可以在一个维基中创建新的维基页面；
- 超链接用于根据相关主题链接维基页面；
- 维基的状态永远处在更新中，它们可以被无限制地修改和更新。

6.1.3 维基像什么?

乍一看维基与任何其他的网页没什么区别，都有文本、超链接和图像。维基网页通常在页面顶端有按钮，允许您：

- 注册或登录；
- 查看历史记录；
- 进行"页面讨论"。

6.1.4 维基的类型

维基的功能和种类多种多样，有以下用途：

- **公共维基**：诸如维基百科，其对所有互联网用户都是可用的。
- **学生维基**：可以在虚拟学习环境中找到，它们可以是公共的，也可以是特定用户组（如同一项目中的学生）私有的。

●**公司维基**：可以采用内部网的形式，是企业和其他组织的知识管理系统或文档系统。

6.1.5　最著名的维基

维基共享

维基共享（wikimedia commons），简称"共享"，是一个存储媒体文件、图像、声音和视频的资料库。它的资料是免费的，用户可以按原样使用或以修改后的形式使用，只要提供了适当的信用证明即可。

维基词典

维基词典（wiktionary）是一个免费的在线词典，拥有超过250万条词条。它可以由公众编辑，但在版面和内容上有严格的指导原则限制。

维基百科

目前，最知名的维基就是维基百科（wikipedia），诞生于2001年。它由非营利组织维基媒体基金会主办，更多详细信息在后文提供。

维基学院

维基学院（wikiversity）包含广泛的学习资源，供学校和学生使用。这些资源都是开放源代码的，以促进和支持学生、研究人员和教师在各种学习社区中的协作学习。

行动：探索维基学院
- 登录 www.wikiversity.org。
- 选择合适的语言。
- 选择"资源分级"，进入门户网站：高等教育。
- 根据导航来选择您感兴趣的话题。

6.2　维基百科：五大准则或"支柱"

维基百科是一个在线的免费资源，有超过280种语言版本。它可以被任何用户编辑。目前，英文版拥有350多万页，而且这一数字每天都在增加。

6.2.1　维基百科的五大支柱

维基百科有五个重要的原则来指导它的开发和使用：

1.它是一本百科全书。

2.它一直保持中立的观点。

3.它提供免费的内容。

4.维基百科的用户必须在相互尊重和友好的气氛中交流。

5.维基百科没有严格的规则。

6.2.2 维基百科是一本百科全书

作为一个在线百科全书，维基百科是一个提供许多知识信息的参考来源。它与传统百科全书（如《大英百科全书》）的主要区别在于，它随着大量用户的频繁更新而不断变化。这对学术研究有如下启示：

● 维基百科是一个巨大的信息存储库，对于寻找几乎任何主题的基本信息或更多信息，它都是一个有用的起点。

● 内容更新既可能由专家完成，但也可能由对该主题仅有肤浅了解的任何人进行。

● 您可以自己添加。

6.2.3 保持中立的观点

百科全书是信息和知识的来源，因此，它必须对主题提供平衡、可查和公正的报道，并避免表现出对某一观点的偏爱。

所以，维基百科的编辑者必须做到：

● 公平地展示不同观点；

● 避免参与辩论；

● 提供适当的参考资料。

通常，任何带有不平等或个人偏执色彩的言论一旦进入维基百科，都会被第一时间删除。

有关"中立观点"的更多信息，请参阅 http：//en. wikinews. org / wiki / Wikinews：Neutral_point_of_view。

6.2.4 维基百科提供免费的内容

所有互联网用户都可以免费访问和阅读任何维基百科页面。任何注册的互联网用户都可以免费编辑维基页面。维基百科的内容是面向大众公开的，这意味着任何人都可以重复利用、改编和传播它。

6.2.5 维基百科的用户必须在相互尊重和友好的气氛中交流

"维基人"是指在维基百科上创建和编辑维基页面的人。该网站希望所有用户在修改维基页面或创建新内容时都能表现得很友好。大多数用户都遵守这一点，而且很少能找到内容不合适的维基页面。如果有人违反此规则，维基百科编辑可以选择介入，以防止对页面的不当更新。如果语言或内容不合适或不保持中立，他们也可以选择删除处理。

6.2.6　维基百科没有严格的规则

维基百科希望它的规则会随着时间的推移而发展和完善，就像它的内容也会发展一样。维基百科鼓励用户在撰写和编辑文章时大胆创新。虽然有帮助和支持用户维护维基百科的原则和生成有用页面的指南，但并没有严格的规则供用户遵循。

6.3　利用维基百科进行搜索

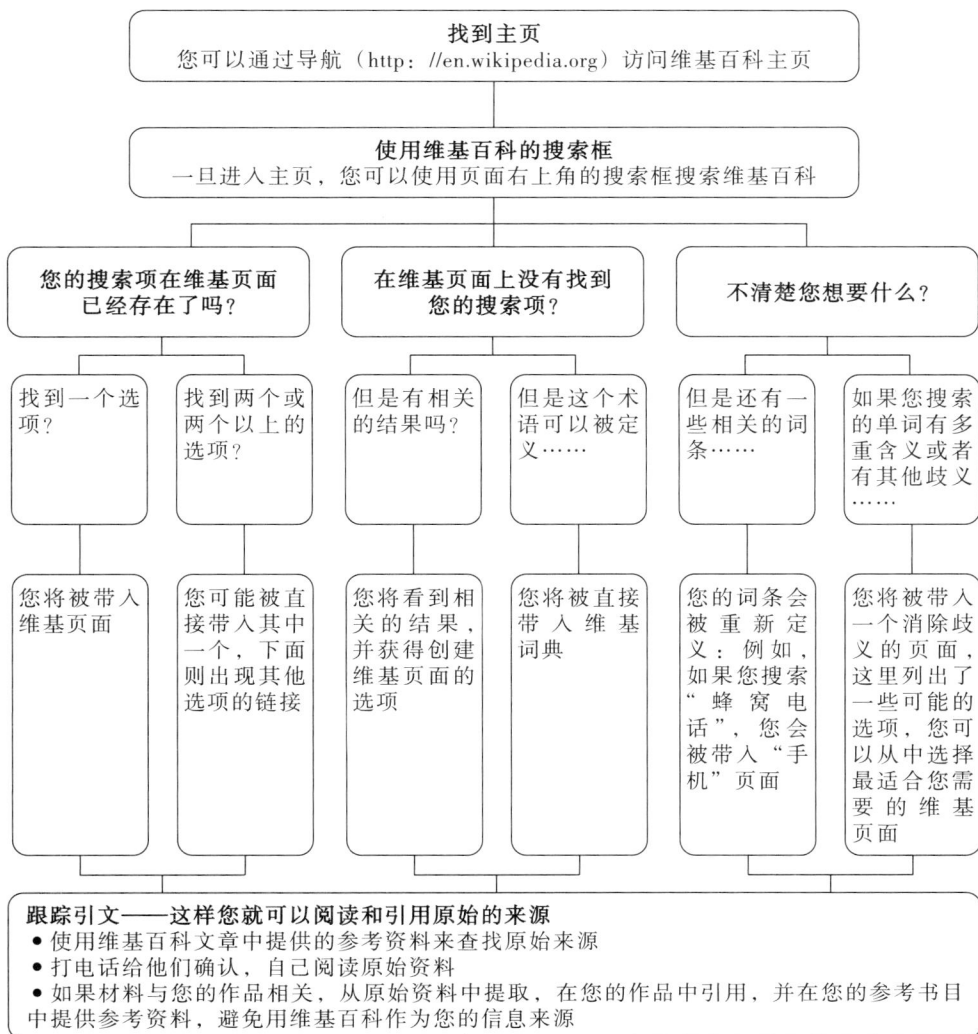

6.4　维基百科的布局

所有维基百科的页面都有类似的布局，这使其易于识别和导航。在页面的左上角是维基百科的图标，下面依次是通往主页、内容、特色内容和帮助的链接。文章在页面的主体内。

最顶端选项

页面顶部有选项按钮，可以查看"文章"和"文章讨论"。您也可以选择"阅读"、"编辑"或"查看历史"。默认选项是"文章"和"阅读"。

标题

维基文章的标题以大号字体清楚地显示。

简介

大多数的维基文章都以简介开头，可能只有几段文字。

目录

大多数的维基文章都有一个目录，其中包含指向文章各部分的超链接列表。

正文

正文包含文章的内容，可以有若干子节，由子标题表示。内容可能包括文本、超链接、引文、图片、图表和表格。

参阅

在文章的底部，可以看到一系列与文章内容相关联主题的超链接。

备注：有些维基文章带有备注，用来提供超链接或补充资料。

参考

大多数维基文章都有一个学术文章的参考列表，并链接到正文中的引文。

外部链接

为获取更多信息，一些维基文章包括指向维基百科以外网页的超链接。

评分

您可以用这个来查阅其他人如何评价这个页面。

类别

文章的底部有一个框，显示了与文章相关的知识类别。您可以使用它来交叉搜索，以帮助理解正在查看的文章的上下文。

6.5　维基百科上的优质资源

6.5.1　如何在维基百科上寻找好文章？

维基百科使用一个评级系统来帮助用户识别高质量的文章。虽然这不是从学术研究的角度进行的，但分类系统可以帮助您：

- 确定最可靠的项目；
- 删除不适合您的项目。

6.5.2　维基百科的分类系统

维基百科的编辑将文章根据质量水平分类如下：

特色文章

这些都是维基百科上最好的文章，可以通过右上角的一颗小青铜星辨认出来。这些文章完整、准确、中性、时尚。维基百科上有3 000多篇此类文章。

好文章

这些都是经过评判的文章，写得好、事实准确、可核查、广泛和中立。好的文章可通过右上角的绿色交叉符号辨别。维基百科上有超过12 000篇好文章。

评级类别

维基百科上还有其他类别的文章，包括a级和b级文章，但并不普遍使用。

豆腐块

"豆腐块"类别的文章是指在维基百科上没有完整描述某个主题的文章。

6.5.3　鉴别好文章的技巧

- 如前所述，在文章上寻找"特色文章"或"好文章"符号。
- 查看维基警示（清理词条）关于文章质量的描述。
- 查看文章附带的引用和参考文献的数量和质量，如果这些资料来自著名的学术期刊或政府文件，那么这些资料很可能对学术研究有用。
- 查看文章的评级。
- 查看文章的风格，例如：文章对副标题、图片和表格的使用。
- 查看讨论词条中，编辑者是否对文章内容存在分歧。

6.5.4　使用维基百科的风险

1.维基百科主要是由业余爱好者编写的。

2.它的文章并不一定经过了该领域专家的审查。

3.它的文章可被任何人修改，包括您。

4.它的文章会一直保持修改状态直到内容被用户一致接受。这意味着，它的专业水平只能维持到最后一个修改文章的人，学术界在这个问题上可能不会认同文章的观点。

5.它的文章参考源自其他的素材，这就意味着，文章所传递的信息并不是最新的一手信息。二手信息则增加了许多风险，诸如：误解意思、错误复制或者将信息应用于不当的场景。

虽然这些问题可能看起来相当严重和令人不快，但维基百科作为一个受监管的百科全书社区确实运转良好。这都归功于大量的志愿者编辑不断的努力和辛勤的劳动，他们为维基百科贡献源源不断的素材以致力于提高文章的质量。

6.6 使用维基百科作为信息来源

将维基百科作为您的信息来源工具包的一部分是完全可以接受的，只要在学习中采用适当的方式即可。您可能会发现学校的老师并不接受直接引用维基百科，原因有很多，最常见的有以下几点。

6.6.1 严格的训练准则

学校老师的方针是训练学生运用所学到的知识来锻炼和发展自身的信息搜索技能。维基百科中的信息主要来源于其他的素材，它们并不是第一手资料。这就意味着维基的信息并不是经常被用于教学当中，偶尔只是当作背景参考。

因为维基百科是一个百科全书，所以您不会像使用其他图书一样，把它作为您的主要信息来源。

6.6.2 过度依赖单一资源

一些学生倾向于只使用维基百科作为他们的信息来源，而不是自己搜索、评估和选择信息。

6.6.3 准确性和视角

上文相关内容说明了使用维基百科的主要风险，实际上在高教领域，使用维基百科文章的准确性和视角同样令人担忧，具体见后文。

行动：使用维基百科作为资源

浏览有关维基百科的研究文章摘要，然后考虑以下问题：
- 读完这些文章后，您使用维基百科时会有什么顾虑？
- 您还能在网上找到其他文章吗？它们可以为您的维基百科文章提供不同视角吗？

6.6.4 维基百科——参考素材

作为一种百科全书，维基百科不包含原创研究。因此，它可以提供以下帮助：
- 了解背景信息；
- 帮助您找到有用的信息来源。

这意味着，作为一名学生，您使用维基百科文章的主要用途是引导您查找原始研究或原始信息来源。

6.6.5　根据维基百科的提示引用资料

维基百科最重要的作用是引导您去寻找原始素材，具体做法如下：

- 在您的作业中，不应提及资料来源于维基百科字样；
- 通过维基百科所提供的参考链接，您应当自己阅读原文；
- 您应该在您的作品中提供对原始来源的引用，并在结尾的参考文献列表中提供完整的参考文献信息。

6.7　维基百科的准确性

6.7.1　维基百科的准确性1：《自然》

国际知名的科学杂志《自然》的一项研究发现，维基百科上的文章"在其科学词条的准确性方面接近大英百科全书"。这一观点后来受到《大英百科全书》的反驳。尤为重要的是，这两篇针锋相对的研究文章的信息来源都被发现存在小错误，这反证了双重核查信息来源的重要性。

6.7.2　维基百科的准确性2：《星期一》

诺丁汉大学商学院的一名学者齐思尼在一份网络杂志《星期一》上发布了一份报告，报告分析了55名研究学者对于维基百科内容准确性的评估。结果表明，专家们普遍认为维基百科的文章准确可信，尽管13%的文章存在错误。

6.7.3　维基百科的准确性3：《药理学年鉴》

克劳森等人（2008）在《药理学年鉴》上发表的一篇文章将维基百科中的信息与传统编辑的数据库中的信息进行了比较，从范围、完整性和准确性的角度研究了8类药物的信息。克劳森发现，维基百科只回答了40%的关于药物信息的问题，而Medscape药物参考数据库的结果为82.5%。维基百科的答案完成率为76%，而Medscape的答案完成率为95.5%。然而，在维基百科中没有发现事实错误，而在Medscape中则发现了一些。克劳森注意到，随着条目的更新，维基百科上的答案也在不断改进。克劳森的结论是："维基百科对消费者来说可能会提供有效信息，但它并不权威，应该只是药物信息的补充来源。"

6.7.4　维基百科的准确性4：历史性文章

瑞克特（2008）将维基百科上的9篇文章与《美国历史词典》和《美国国家

在线传记》等其他来源的文章进行了比较。她在其中8篇文章中发现了不准确之处，其中2篇被认为是"主要瑕疵"。总的来说，维基百科的准确率只有80%，而其他来源的准确率为95%。

6.7.5 维基百科的准确性5：编辑持续时间

除了同行评审之外，用户还可以使用其他度量方法来识别维基百科文章的质量。一种方法是看文章存在的时间长短。人们一般认为存在的时间越长，它被修改订正的次数就越多，那么信息的准确性就越高。卢亚特等（2007）研究了这一观点，发现情况并非如此。他们发现，在首次编辑中如果存在很高比例的错误，那么这些错误往往会继续存在。他们的结论是，文章存续时间的长短并不能很好地反映其准确性。

6.8 学生作业：编辑维基页面

教师可以给学生布置作业，让他们在维基百科上创建或编辑维基页面。下面概述了一个典型的任务，以及完成步骤。

案例研究：编辑维基页面

学生们被分成四组，每组要编辑一篇现有的维基百科文章。所有这些文章都有不同程度的问题，如不完整、没有深度或缺乏中立。

学生们接受了如何编辑维基页面的基本指导，并根据建议浏览维基百科上的"特色文章"，以了解如何改进他们的文章。

6.8.1 如何完成这份作业

1.阅读文章

第一步是确定现有文章的准确性和深度。从阅读这篇文章开始，这样您就知道它说了什么。

2.了解主题

通过各种数据库进行广泛的文献搜索，对该主题进行自己的研究，并记录、收集原始来源的参考资料来支持您的文章。

3.比较研究

一旦您完成了这篇独立的评论，将您的发现与维基百科现有的文章进行比较。

4.熟悉文章

有些维基百科文章有很多活跃的编撰者，他们投入了时间和精力来改进文章的质量。在您决定对文章进行编辑之前，请先查看之前的编辑记录及交流记录，这一过程将会使您对文章的起源、发展历程以及文章的核心内涵产生更深入的理解，尤其是加深对文章背景以及一些主要编辑性格的了解。如果您联系这些主要编辑，这将提供莫大的帮助。

5.把您的编辑建议分成"小"和"大"两部分

对文章的微小修改可能包括：

- 添加其他参考文献；
- 添加其他相关事实；
- 对句子结构进行简单的编辑修改；
- 排版或语法修改。

对文章的主要修改包括：

- 对文章主要内容的改动；
- 增加图片、表格或示例；
- 增加篇章以扩展其深度。

6.进行小修改

当您准备对文章进行一系列微小改动时，首先登录页面并预览改动，将您的微小改动输入。如有必要，提供备注信息。

7.进行大修改

如果需要进行较大的改动，建议进行改动之前在论坛上先行讨论。将您想做的改动发表出来并提供相应的修改理由和证据。文章的当前编辑可能会对您的建议进行评论，并可能帮助您改进想法。一旦您与文章的现有编辑达成共识，就可以对文章进行修改了。

8.评论邀请

在您完成了对文章的所有修改之后，邀请论坛社区成员进行评论。您也可以把这篇文章作为一篇"好的"或"有特色的"文章提交给同行评审。

6.9　如何编辑维基页面的内容

1.阅读

- 阅读分配给您的文章；
- 确保您完全理解文章的内容；
- 检查最后一次编辑的日期，看看这篇文章的新鲜度；
- 查看参考文献，并记下它们的日期和出处；
- 记下您对文章优缺点的初步评价；
- 初步确定如何提高文章质量。

2.了解

- 尽可能多地从维基百科以外的资源中了解这个主题；

- 查找各种数据库中关于这个主题的相关内容；
- 阅读其中一些知名的文章；
- 记下您认为文章应该包括的关键信息——检查这些信息是否已经在分配给您的文章中得到了全面、准确的叙述；
- 收集原始来源的参考资料来支持您的文章。

3. 比较

将您的研究与您被分配的文章的内容、准确性和观点进行系统的比较，确定几个您可以为改进该文做出有效贡献的领域。

4. 熟悉

通过阅读现有的正文和注释，对文章有一个大致的了解，了解它是如何发展的，以及其他读者感兴趣的是什么。

- 决定您将对文章进行什么程度的编辑修改；
- 查找文中存在的任何错误。

5. 小修改

对您要做的微小修改列一个目录：

- 登录；
- 预览修改；
- 输入您要修改的内容；
- 如果有必要的话，可将记录提供给他人帮助审阅。

6. 大修改

确定您的修改要点：

- 在讨论版上，将您的修改方案和修改理由发表出来。
- 仔细浏览收到的评论，思考是否对文章的修改及质量提高有帮助。
- 当您决定采纳修改方案进行操作时，建议先与文章的编辑达成统一的意见，然后再对文章主体进行编辑和修改。

7. 评论邀请

- 当您对文章修改完成后，邀请社区中的编辑对修改进行评论；
- 提交文章，争取获评"好文章"或"特色文章"。

6.10 编辑维基页面的一般方法

6.10.1 创建用户名

尽管不创建用户名也可以对维基百科的内容进行自由编辑，但是如果您创建了属于自己的用户名，就可以使用更多的功能，而且是免费的。

6.10.2　锻炼编辑能力

维基百科建议新用户免费使用以下功能：

- 关于编辑内容的在线教程；
- 利用"沙箱"和用户页面，在正式编辑维基页面之前进行练习。

6.10.3　编辑维基页面

单击要编辑的页面右上角的"编辑"选项卡，网页的标题将会更改为"编辑［网页标题］"。文字内容将显现在文本编辑器中，并且与原始页面上的文本格式看起来非常不同。要添加文字，只需在文本编辑器中的适当位置键入即可。

6.10.4　目录

当您的文章至少有四个标题时，维基百科会自动为其添加一个"目录"。

6.10.5　换行

如果在文本编辑器中添加单个换行符，并不会达到目的。正确的方法是，要么插入空行来开始一个新段落，要么通过在文本中的适当位置添加换行符来换行。

6.10.6　添加引用

任何添加到维基百科中的文章内容都应该是可检验的，否则维基编辑有权利将内容删除。正文中应该提供引文，并提供出现在文章末尾的参考文献。更多相关信息请参考维基页面的"参考资源"页面。

6.10.7　特殊字符

以下特殊字符经常用于维基页面的文字格式编辑中，大多数字符都包含在文本框上方的工具栏中：

- 斜体文本；
- 粗体文本；
- 粗体和斜体文本；
- 链接到另一个维基页面；
- 外部链接；
- 节标题；
- 添加小标题；
- 项目符号列表；
- 数字符号列表。

更多复杂功能，详见维基帮助页面。

6.10.8　添加图片

首先，将图片信息上传至维基百科，同时出示图片的版权许可。一旦上传完毕，您便可将图片插入您所需要的维基页面的指定位置。

更多信息请详见维基百科页面的"图片教程"栏。

6.10.9　保存您的编辑

在保存之前，点击"显示预览"来查看您的编辑效果。将您的编辑分成"微小改动"或"较大改动"，添加备注信息加以说明，这些备注信息会显示在页面的历史信息记录当中。

6.11　创建维基页面

作为学生，您可能需要编写一篇维基百科的文章，以完成作业。

步骤1：确定文章的内容

首先第一步是确定您所要写的文章内容是否适合维基百科：因为它是一个百科全书，所以有些内容并不适宜。需要时刻记住的是，百科全书式的文章必须适当地引人注目，或者与大众读者息息相关。而且，这类文章必须以事实为依据，通俗易懂，不能一味学究气地分析和论证。

步骤2：检查文章是否业已存在

一旦您确定了一个主题，搜索维基百科，看看这样的文章是否已经存在。使用一系列术语搜索，以防类似的文章以不同的标题出现。如果这类文章已经存在，考虑是否需要在文章的更新或扩展方面进行重要的编辑，以符合您的作业要求。

步骤3：选择一个好标题

为您的文章选择一个好的标题：

- 让读者很容易查到；
- 明确文章的主题；
- 用读者耳熟能详的词语；
- 精确；
- 简洁明了；
- 容易记忆。

按照维基百科所提供的指导来创建一个新标题。例如，关于人物、地点或事物的文章应该使用日常名称，而不是专业的、正式的或学术的术语。更多详细信息请参考维基百科上的"命名方法"。

步骤 4：收集参考资料

所有在维基百科中的百科全书性质的文章必须适当地提供参考资料链接以便引导读者找到资料的原始来源。这就意味着，您必须对文章中所提到的每一个事例提供相关的科学依据或专业说明链接。

一般来说，以下可作为维基百科参考资料的可靠来源：

- 权威出版社出版的图书；
- 同行评议学术期刊；
- 知名报纸和杂志；
- 政府和公共文件。

参考资料的提供主要是针对一些可能会引起争论的话题，对于一些不争的事实就不用提供参考链接了。例如：伦敦是英国的首都。

步骤 5：用中性的语气写作

维基百科的文章必须只包含事实信息，必须以一种中立的方式呈现，不能含有任何个人感情色彩。这就意味着要公平地呈现所有不同的观点，不能根据个人好恶来陈述。

步骤 6：用自己的语言写作

在维基百科上，不经他人允许任何人不可擅自发表他人的文章。您可以引用他人的部分语句或言论，只要在引用之后对所引用的语句标明来源即可，同时在参考资料部分提供更加完整、详细的信息。

步骤 7：发布文章

作为一名注册用户，您拥有一个用户空间，在那里可以创建文章、进行修改、征求意见和完善资料。一旦完成，您可以将文章从您的个人空间移至维基百科的网站。更多详细信息请参考维基百科上的"您的第一篇文章"。

6.12   利用维基协作写作

另一种基于维基的作业类型是，您可能以学生的身份，使用虚拟学习环境中的维基生成协作报告。

案例研究：协作写作任务

学生每四个人分成一组，通过他们的虚拟学习环境完成一份维基文章的写作。研究人员给他们的维基文章起了一个专门的名字，并要求他们创作一篇与维基百科中任何"特色文章"的质量、长度和风格相似的维基文章，最后按下列标准进行评估：

- 文章整体的质量；
- 学生个人对文章的构建、内容、编辑等方面所作的努力和贡献。

6.12.1　团队的维基经验

团队成员均为工科二年级学生，他们中大部分人都有利用维基百科搜索资料的经验，但只有西蒙一人拥有维基百科的注册账户，并有过编辑维基百科文章的经验。其他人，安妮莎、罗拉和罗利，都不知道如何对维基百科的文章进行编辑修改。

6.12.2　开始工作

首先团队在图书馆集合商讨如何完成这项任务。他们围坐在一台电脑周围，通过电脑来查找那些优秀的维基文章。

他们讨论了大家最喜欢和感兴趣的文章的格式、风格和结构，并记录了希望自己的维基页面包含的特性。

起初，罗利被这个项目吓了一跳：

"当我们坐在那里看维基上的例子时，那些文章看起来非常专业，而且写得很好，我担心我们是否能做出那么好的东西，以及我们如何才能得到一个像样的分数。"

小组成员随后查看了虚拟学习环境中的维基，他们希望在其中生成自己的维基页面。网站上提供了一系列针对如何编辑页面的基本说明，但是他们仍然不确定如何生成文档。

"我们不太清楚是先用 Microsoft Word 写这篇文章，然后把它复制到维基上，还是从一开始就在维基上写。"

6.12.3　团队规划

团队工作的协作问题很快便显现出来了，大家争先恐后地发表着个人的想法，提出了很多观点，但不擅于互相倾听，也不太注意记录他们所敲定的观点。

最终，他们决定稍事休息，然后再讨论进一步的管理规划。

创建团队工作准则

安妮莎告诉大家她之前工作团队的一些经验。首先团队应充分考虑成员的相关经验，然后确定大家是否都充分理解了本次任务目标。最终大家决定留出20分钟的时间来做这件事，结果他们花了2个小时才完成。

"这可能是我们做过的最有用的事情。以前，我们每个人都认为自己是唯一一个忧心忡忡的人：我们实际上朝着不同的方向前进，却认为彼此想法一致。"

"我很担心它会影响我的期末成绩，不知道小组的其他人是否和我一样为能否取得好成绩而烦恼。"

"我不知道老师如何确定谁做出了哪些贡献，以及如何分配分数。如果我不喜欢某人的编辑内容怎么办？我会因为别人的工作而丢分吗？"

明确基本准则

小组成员一致认为，大家都想取得好成绩。他们制订了一个项目计划：

- 他们希望维基能够实现的目标；
- 什么时间集合，以及成员在两次碰面之间如何开展工作；
- 怎样追踪每个人的贡献。

明确角色分工

大家一致决定他们将共同承担所有的角色，但是每个人将有所侧重，以确保项目的各个方面顺利开展。他们列出了所有需要完成的任务，然后尽可能公平地分配。他们认为以下四个角色将有助于把所有工作串联在一起：

- 主席（罗利）：保证每次讨论都能步入正轨，同时确保每个成员的发言都能被大家听到。
- 协调员（安妮莎）：将每个人的观点、想法和决定记录下来，并确保贯彻实施。
- 总编辑（西蒙）：确保在每一阶段结束之后都形成一份条理分明、语言风格一致的总结。
- 经理（罗拉）：管理进度，确保每个成员按时完成任务。

6.12.4 分配工作

小组成员们将项目的内容平均分配，这样每个成员都有平等的机会参与维基写作。每个成员都负责一部分内容的编辑，然后再与总编辑商榷如何将团队的成果融合到一起。

6.12.5 搜索维基文章

他们每个人都花费了一周的时间来阅读和收集与他们的主题相关的参考资料。基本上，成员们在这项工作上是独立完成的，但同时也会帮助其他组员查阅相关材料，并将材料进行分享。

6.12.6 编辑维基

西蒙是第一个开始编辑维基的人，因为他对在文本编辑器中写作非常有信心。

"我只是像在 Word 里一样输入一些内容，但我必须查找如何使用粗体或斜体。除此之外，一切都很简单。"

其余的组员也陆续将他们的内容添加到文档中并着手进行进一步的编辑。他们意识到有些功能很有帮助，如目录列表和参考资料列表是可以自动生成的。

6.12.7　检查草稿

团队全体成员又一次在图书馆里碰面，他们浏览了自己制作的维基页面。他们注意到，现在文章读起来仍然像四份独立的文稿，于是他们决定，在总编辑最终定稿之前，每个人都修改和完善各自负责的部分。同时他们也注意到缺少足够的小标题和参考文献，所以他们决定各自回去，对文章在结构上进行整体修改，在内容上进一步提高文章的质量。

随着工作的逐步推进以及对具体修改计划的充分讨论，大家都对维基页面的编辑充满了信心，甚至组员们开始使用维基页面的讨论功能进行交流。

6.12.8　探讨修改内容

虽然一切似乎都很顺利，但在最后期限之前，这个小组遇到了一些困难。西蒙作为总编辑，花费了几个小时，对文章的最后一部分做出了一些重大的修改，这一部分最初是由罗利编写的。罗利很满意自己的原始创作，对西蒙后期所做的修改并不认同。在没有与西蒙沟通的情况下，他点击了"还原历史状态"的按键，撤销了西蒙所做的修改。

"西蒙对我的作品做了这么大的改动，我确实很不开心——我花了很长时间来写那个部分，我不觉得他的版本要更好。"

西蒙很生气，他觉得虽然罗利之前的版本很好，但与其他部分格格不入。如果继续保留罗利的版本，那么统一文章风格的唯一方法就是让其他人修改自己的版本以便和罗利保持一致。这样做显然很不公平，因为其他人的文本看起来已经足够好了，本身不存在任何问题，这样只会浪费大家的时间。

大家相约来图书馆共同商议解决这个问题。最终，大家一致决定保留西蒙大部分的修改内容，因为这样文章的整体效果看起来会更好一些。不过，大家同时认为罗利的某些内容也很有价值，经过小修改之后可以保留，这样也能给整篇文章增色不少。罗利仍然不太高兴，但他认为这是最好的整体解决方案。

6.12.9　成果

最终，这个四人小团队所编辑的维基页面获得了极高的评价和优异的成绩。老师评价说，他们作为一个团队工作得很好，专业而明智地解决了彼此之间的分歧。

成绩公布后，安妮莎给她的老师写了一封信：

"我非常喜欢这次的维基作业。使用流行的网络工具来完成一项作业的感觉非常好，一旦我们弄明白了，编辑起来就很容易了。通过这次作业，我学到了很多东西，不只是专业领域的知识，最重要的是如何操作维基页面的功能以及如何进行团队协作。"

6.12.10　案例启示

上文这一案例说明了使用维基进行协作写作的许多重要问题。

> **反思：完成一份团队协作维基**
>
> 　　在您的日志中，记录下运用维基页面进行团队工作的想法，并说明您将如何借鉴以上经验来完成一份自己的团队维基作业。

6.12.11　协作维基写作建议

分享理念

确定团队中的每个人都对作业的要求有着相同的理解，如果不是这样，重新阅读任务要求，组员充分讨论取得一致。如果仍有分歧或困惑，那么在开始这项任务之前，先和您的讲师确认一下。

团队性思考

团队作业是为了锻炼和发展组员们的团队协作能力，如集体讨论、分享观点、团队合作、激发他人的潜能、做出对最终结果而不是对任何个人最有利的决定。这意味着要多考虑别人的观点，而不是固执己见。

团队计划和角色分配

即使完成再小的作业，也要为您的团队设定一个团队合作计划。将工作和角色平等地分配给小组中的每一个成员，并确保每个成员都清楚自己的职责和角色。

时间管理

为所有团队成员设定明确的、可实现的截止日期，并严格执行。记住，这项任务的成功部分取决于团队协作能力。

发展技术

确保每个组员在进行网页内容编辑工作之前，都拥有良好的IT基本技能，大家可以利用免费的在线编辑工具进行一些基本技能的锻炼。在正式进行文字编辑工作之前，先利用在线工具进行一些文本格式、风格以及标题设置的练习。

建立好作品的概念

仔细阅读维基百科上已有的优秀文章，积累更多编辑优秀文章的经验。

一致性

记住，这是一个合作写作练习，目的是产生一个单一、完整的作业。每个人都要确保在整个文档中有共同的"声音"和一致的方法。

维基写作的核心

在遵守维基百科的五项原则的基础上运用维基页面上所提供的工具进行页面文字编辑，让文档内容在团队协力之下不断发展，质量不断提高。

编辑商榷

即使团队中有人被选为"总编辑"统筹文字，也要保持团队合作的精神。在对编辑内容进行修改之前，运用页面的讨论功能与其他成员进行沟通和协商。如果团队中某一个人的作品在没有明显原因或没有经过任何讨论的情况下突然被删除或修改，这种行为对这名成员来说是极大的不尊重并很可能让其备感沮丧。

共识

确保所有小组成员都对最终定稿感到满意。

6.13 清单：编写和编辑维基

事项	完成	评论和注释
1.仔细阅读需要编辑的文章		
2.对于一个新项目，选择好的标题		
3.制订团队工作计划并分配角色		
4.详细研究课题		
5..收集相关的参考文献		
6..阅读"论坛"页面以及维基页面的备注		
7.确认如何改进		
8.确认微小修改和较大改动		
9.与文章当前的编辑协商		
10.为您的编辑内容构建清晰的结构		
11.提供相关的图片和说明		
12.保持中立的观点		
13.从各个角度覆盖主题		
14.避免抄袭或剽窃		
15.链接其他维基页面（如果可能的话）		
16.评论邀请		
17.提交评级		

6.14 维基对学生有多大作用？

许多研究调查了维基作业的价值和有效性，这里介绍其中三项研究。

6.14.1　研究1：可靠性和精确性

曼彻斯特城市大学进行了一项小规模研究，对维基百科上与医疗保健研究相关的页面的准确性进行了检验。他们的结论是，维基百科页面上超过一半的引用都来自可靠的资料来源（Haigh，2011）。

这一研究强调了维基百科作为适合学术作业的优质信息来源的相对价值。在此，您可以得出结论，维基百科是一个有用的资源，但您需要小心使用在那里发现的信息——几乎一半文章没有可靠的信息来源。

您应该考虑到，即使引用的源文件质量很好，作者也可能没有恰当地使用它们——可能有上下文遗漏、真正的误解或打字错误，这些导致引用的材料出现错误，甚至产生相反的结论。您需要查看这些资料的原始来源，以便检查引文的准确性。

6.14.2　研究2：更新生态学专业的维基百科

这篇由研究生撰写的研究论文，描述了关于更新现有的维基百科上面的生态学文章的过程。他们首先评估现有的文章，结果发现维基百科上的文章在广度、深度和相关性方面都程度有限，而且缺乏必要的参考文献。研究生们按照维基百科关于文章布局和修改的指导方针更新了页面。

他们的结论是，更新维基百科非常简单并且很有意义，它可以帮助学生开发良好的批判性思维和沟通技巧。不利的一面是，现有的文章编辑反复撤销他们的修改，这让学生们感到沮丧（Callis et al.，2009）。

这项研究很有帮助，因为它从学生的角度详细描述了在使用维基百科时遇到的实际问题。这些研究生发现：

- 有些文章没有学术研究所需的深度和广度；
- 编辑文章时可能会遇到困难。

在编辑文章之前，在"讨论"页面上与原编辑进行沟通可能会减少所描述的挫折感。

6.14.3　研究3：提高学生的研究技能

这篇论文认为，越来越多地使用 Web 2.0 协作写作工具，比如维基百科，可以提高学生的研究技能。维基不断发展、协作和灵活的特性在这方面特别有帮助。作者还认为，教师应该指导学生如何有效地使用 Web 2.0 工具进行学习（Purdy，2010）。

使用维基百科和其他 Web2.0 工具可以：

- 为研究过程提供一个有用的参照；
- 有助于提高学习技能。

> **反思：学生使用维基**
>
> 考虑以下几点，并确定它们可能会如何影响您未来使用维基百科进行学习：
>
> - 维基百科通常是一个可靠的背景信息来源；
> - 维基百科的内容应该通过检查原始资料来源来验证；
> - 维基百科是开放内容，任何人都可以编辑；
> - 维基百科上的文章对一个主题的报道并不总是全面的。

6.15 学生对维基百科的感受

6.15.1 马科斯：编辑实验室研究项目的维基页面

大四学生马科斯在大四的一项研究项目中，负责维护她所在实验室研究项目的维基页面。维基由小组的其他成员，包括她的学术导师来更新，马科斯负责保证维基里材料的准确性、通畅性和结构统一，这些内容可以在大学的网站上公开获取。这项活动是马科斯大四结业评估的一部分。

"我在大一时就学会了如何编辑维基，但当我负责维护实验室的维基网页时，我发现这是一份完全不同的工作。一开始，我对删除重要的部分感到非常紧张，但现在我已经成为移动文本和使用格式化命令的专家。在项目快结束的时候，我对维护维基网页非常上心，我会努力编辑实验室成员的任何材料，甚至包括我的学术导师刚刚发表的匆忙评论。"

6.15.2 菲尔：过度依赖维基百科

作为大一的学生，菲尔利用维基百科帮助撰写研究英国政府历史的论文。他所使用的维基文章似乎非常全面并涵盖了所有他关注的主题，所以他把维基百科作为了他主要的信息来源。当他从导师那里拿到论文反馈时，他看到了一个很低的分数，因为他没有使用或引用原始资料来源。

"导师给了我一些非常有用的指导，关于如何使用维基百科来进行论文研究。他告诉我维基作为获取背景信息的来源是可以的，但我应该经常在学术图书或期刊上查阅信息。他还告诉我，我的参考资料来源应该是期刊，而不是维基百科……我不会再犯这样的错误了！"

6.15.3　安妮儿：小组项目的经验

作为大二的学生，安妮儿在实习课程中被安排参与一个小组项目。项目要求学生合作收集数据，然后编写一个小组维基。学生们必须在非常紧张的期限内完成这项任务，也就是在课程结束前的两天内完成。他们需要整理自己的研究数据、分析研究结果，并将其发布在维基中，同时进行文献综述和讨论。

"实习课要求很高。我们都有自己的数据，我们必须把它们组合起来，然后使用维基进行分析和编写。在数据收集阶段，我们要在维基上做笔记，而在野外，幸运的是，我们的移动网络信号很强。当我们回到营地后，我们要在电脑室里工作，所有人编辑各自的数据，然后汇总成一个严谨、统一的文件。我们在短时间内都大幅提高了研究和写作技能。"

6.15.4　朱莉安娜：考试准备

"我发现我很难记住这门课的实践部分必须使用的材料。我召集了六个人，把课程实践部分需要的所有东西都放到了一个班级维基里。我们认真研究、谈论，并整理记录，这让我觉得这些材料变成了自己的。这样在课程实践部分的备考中，记住那些难点要容易得多。"

> **反思：有效使用维基**
>
> 　根据本章提到的技巧和学生的经验，记下您对如何更有效地使用维基的想法。

6.16　本章小结

维基，尤其是像维基百科这样的知名维基站点，被广泛地用作信息来源。最初搜索某个主题相关信息时使用维基百科是可以接受的，然而在高等教育中，您需要跟进维基中的参考资料，查找原始资料。您应该阅读这些原始资料，如果您要在作业中加以引用，那么您应该直接提供原始资料来源的参考，而不是维基百科。在作业中，切记不要把维基百科作为直接的资料来源。

维基在高等教育中更有趣的用途是作为一种促进知识创造和传播的工具。通过创建新的文章或编辑现有的文章，您可以磨炼您的技能。研究一个主题，并为真正的读者写出您的感悟，这使您有机会从其他对该主题感兴趣的人（如现有的编辑）那里获得反馈。

编写维基为开发一系列与学术研究相关的技能创造了良好的机会，这些技能也适用于工作领域，包括：

- 深入研究课题；

- 比较不同资源；

- 在写作上遵守一套既定的惯例和准则；

- 起草、编辑文件；

- 寻求并接受他人的反馈；

- 应用反馈改进文章；

- 与他人合作、分担任务、共同决策、处理团队中的困难、努力达成共识。

如果让您选择通过维基完成任务，特别是作为协作小组项目的一部分，那么您就应该抓住这个机会来全面锻炼自身的各项技能。如果这样的机会在您的学习过程中没有自然出现，那么不妨自己创造一些机会，您可以在班上寻找其他同学和您一起创建这样一个维基页面，以帮助大家理解课程内容和准备考试。

第7章

社交媒体

学习目标

本章主要阐述以下内容：

- 利用社交网络工具提高学习效果；
- 利用社交媒体建立社交网络；
- 在学术研究中应用社交媒体的学习技能；
- 结合多种网络工具来支持学习和专业发展。

引言

在高等教育领域，社交媒体是引进相对较晚的新颖教学方式之一。尽管很多学生在日常生活中使用这些媒体，但是他们不太可能将其应用到学习当中，这是比较遗憾之处。

在本章中，您将了解如何使用这些流行的社交媒体工具，如脸书和推特，以便：

- 拓展在线研究工具；
- 在社交网站上创建个人资料；
- 建立有效的学习社区；
- 学习使用社交媒体；
- 避免在学习中使用社交媒体工具时所犯的一些常见错误。

7.1 社交网络和社交网站

7.1.1 什么是"社交网络"

社交网络是一个人与人之间进行动态交流与联系的网络。这种社会结构是由两个或者两个以上的个体组成的，他们之间有共通之处，并围绕着这种共通联系在一起。我们中的大多数人在任何时候都属于几个相互关联的社交网络——而且这些网络在不断变化。

常见的联系可以是任何形式的。例如：家庭成员、相同的体育爱好、喜欢同一风格音乐的发烧友、书友会成员、共同的宗教和政治信仰、同一专业的同学、同一工作单位的同事、孩子同学的家长或者坐同一辆公交车上班的人们。

> **反思：您的关系网**
> - 您目前最重要的社交网络是什么？
> - 作为学生，您参与了哪些社交网络？
> - 这些社交网络是如何进入您的生活当中的？

7.1.2 什么是社交网站？

社交网站提供在线网络服务，人们可以通过链接进行在线交流和沟通，这些访问和信息可以限于选定的个人和团体，也可以广泛地与公众共享。社交网站正成为在线网络的同义词。

7.1.3 社交网站的典型特征

- 允许人们通过互联网进行互动；
- 您可以通过它们共享信息、图片和多媒体；
- 鼓励人们建立个人信息档案，这样别人可以通过档案更好地了解您；
- 您通常可以决定谁可以看到您的个人资料；
- 您可以寻找其他有同样爱好的人；
- 您可以交到新朋友。

7.1.4 主要的社交网站有哪些？

全世界的社交网站众多，其中一些网站在特定的国家或大洲更受欢迎。就一般社交网站而言，脸书是全球最著名的社交网站，其次是推特、谷歌、我的空间（MySpace）、领英（LinkedIn）和贝博（Bebo）。有些社交网站的功能是特定的。例如，Flickr专注于图片，而Flixster则侧重于电影。

7.1.5　我需要什么设备？

登录社交网站需要一个有效的电子邮件地址，除此之外所需的唯一设备是一台连接到互联网的计算机设备，它可以是一台个人电脑、笔记本电脑或智能手机等移动设备。

7.1.6　大学里可以使用社交网络吗？

这取决于您所在的大学。有些大学鼓励学生使用社交网络，而有些大学则不支持学生使用社交网络，以减少对学习的干扰。

行动：探索新网站

询问您身边的朋友，看看他们都在使用哪些社交网站，以及他们为什么这样选择。您可能会发现一些对您的研究有帮助的新网站。

7.2　一些主要社交网站的特色

下面介绍了一些流行的社交网站及其主要功能，考虑一下它们的特性对您的研究有什么帮助。哪些站点对您更有用？

□ **推特**
- 提供个人简历及简介；
- 限制140个字符的微博服务；
- 用户可以相互关注，查看评论；
- 更新可以包括指向网址或多媒体的链接。

□ **Flicker**
- 图片和视频托管网站；
- 用户可以申请免费（受限）或付费账户；
- 内容使用元数据或标签进行组织，便于搜索；
- 用户可以发表评论；
- 内容易于链接到其他社交网站。

□ **谷歌**
- 提供个性化服务；
- 允许用户创建个人资料和选择朋友；
- 用户可以在指定范围内分享多媒体资源；
- 内容多人可见。

□ **脸书**
- 全球用户众多；

- 用户账户包含个人详细资料；
- 用户选择朋友来分享内容；
- 分享内容包含状态更新、评论、图片、多媒体、聊天、应用程序；
- 用户可以创建社群以及社交网页。

□ **我的空间**
- 个人简介中提供完整的个人信息；
- 社交娱乐网站；
- 内容包括声音和视频文件、评论、应用程序；
- 用户可以添加修改个人资料；
- 用户可以建立社群和社区。

□ **领英**
- 商务社交网络；
- 用户提供专业的个人资料；
- 用户可以互相联系，建立通信网络；
- 用户可以上传内容，如简历；
- 为就业和创业提供有用的信息。

7.3　了解脸书

7.3.1　谁使用脸书？

脸书起源于学生社交网站，如今在全球拥有超过6亿来自各行各业的注册用户。除了个人用户，许多公司、组织和团体也将脸书用于广告和营销目的。

7.3.2　如何成为注册用户？

您需要登录脸书网站，然后提供一个有效的电子邮件地址，并根据信息提示逐步完成注册。

7.3.3　个人信息公开吗？

脸书是一个公共网站，任何人都可以访问它的账户——这意味着如果您不注意您的隐私设置，数百万人都可以看到您的个人信息。

- 经常仔细查看您的状态和个人信息。
- 确定哪些信息是私密的、哪些是公开的。
- 建议新用户将大部分信息保密，只与认识的人分享个人资料。

7.3.4　如何建立社群？

您可以通过从通讯录中导入联系人、搜索电子邮件地址或姓名来帮助您从网站上找到朋友。

- 您可以在搜索框中输入脸书用户的名字来搜索他们；
- 当您建立一个朋友社区时，脸书会向您推荐"您可能认识的人"。

7.3.5　什么是好友请求？

当您要求和另一个用户成为脸书好友时，对方可以选择"接受"或者"拒绝"。如果其他用户要求将您加为好友时，您也可以这样做。

7.3.6　如何与好友分享内容？

脸书有很多特色功能，下面展示了一些与朋友互动的方法：

- **状态更新**：您写一些关于自己的事情（比如您在做什么），由此可得到朋友的评论；
- **评论**：您可在其他用户的留言区进行评论；
- **点赞**：您可以对其他用户发布的您特别喜欢的内容"点赞"；
- **上传内容**：您可以上传图片、视频或共享链接；
- **发送邮件**：您可以直接发送信息到好友的电子邮件地址；
- **内容分享**：您可以和好友分享您最喜欢的记忆、事件和故事；
- **安装软件**：您可以安装由脸书提供的各种应用软件，比如游戏，然后和其他用户一起玩；
- **朋友圈**：您可以加入、创建或点赞具有共同兴趣的用户群；
- **发布公告**：您可以为即将到来的事件向朋友发布通知；
- **聊天**：您可以与好友进行即时通信；
- **支持学习**：您可以建立在线学习群、提问、与老师互动。

行动：大学里的脸书

登录脸书找到您大学的网页，并点赞：

- 搜索一些您感兴趣的东西（例如，未来的职业）并加入相关群体；
- 建立一个学习群。

7.4 使用脸书学习

7.4.1 学生们的评论

"脸书帮我建立了一个更大范围的学习社区，成员包括本校和其他大学的学生。"

"我们利用脸书组织了一个大型的学术会议，参会者众多，人们在讨论区对我们的研究发表了许多有价值的评论。"

"我的老师不喜欢我们在他的课上使用手机，但当我表示希望用脸书与我的同学进行学习方面的沟通时，他非常赞同。"

7.4.2 应该做的事情

- **一定要记住谁能看到您写的东西**

如果您的账户是公开的，那么发布的内容也都是公开的，任何人都可以通过搜索互联网找到。记住您的言论会被永久保存，有可能会影响您在今后就职的个人形象。

- **定期参与讨论**

对于团队讨论而言，如果每个成员都竭力分享和更新可供参考的资料，讨论会得到更好的效果。

- **一定要复制**

一定要复制您认为重要的对话、链接或内容，并将它们存储在电脑上。记住，在线存储的内容可能不会保证永久可用。

- **一定要分享**

一定要和您的好友分享关于您学习的有用信息，养成分享的习惯会鼓励您的朋友也这样做。

- **评论要慎重**

在发表评论之前一定要考虑他人的感受，避免在群体中发表任何可能冒犯或伤害其他学生的评论。

- **一定要注重隐私**

不要忘记您的评论会被所有人看到，您写的东西可能会给别人带来麻烦。

- **一定要合理安排时间**

在大多数成员可能都有时间的时候组织活动。

- **一定要检查网络入口**

访问脸书需要一台连接到互联网的电脑或移动设备。如果您不能上网或没有wifi信号，脸书将不能使用。

- 一定要把社交时间与学习时间分开

使用脸书很容易上瘾和着迷，请不要因此将学习和工作抛之脑后。

- 上课使用脸书一定要尊重老师的意见

如果您上课时被允许或鼓励使用脸书，一定要把您的使用限制在教育目的上，避免在课堂上用于社交活动。

- 一定要遵守校园使用社交网络的规则

根据校园规定合理使用社交媒体。

7.4.3　承担的责任

- 评论禁区

避免对您的讲座、导师或其他工作人员发表评论。在一些案例中，学生因在脸书上对学校员工发表评论而受到纪律处分。

- 事件跟踪

如果您组织一个会议，通过脸书发布通知，您一定要知道多少人会接受邀请去参会，并确保会议场地能容纳所有可能参加的人。

7.4.4　隐私、安全和网络礼仪

这些在使用社交媒体时尤其重要。如果您还没有了解隐私、安全以及网络礼仪方面的问题，请参考第1章的内容。

7.5　使用脸书相互支持

7.5.1　相互支持

在专业学习过程中，无论是在家里还是在图书馆，您都需要花费大量时间进行自学，以便为以后的研究、阅读、思考、组织材料和写作做准备。

当您一个人独自进行这些学习时，很难让自己时刻保持动力和专注。社交网络可以帮助您在自学的同时与其他学生保持联系，相互支持，无论是非正式的还是作为在线学习小组的一员。

7.5.2　分享经验

如果您在学习中遇到困难，花费几分钟和朋友们分享一下可能会有帮助。您不会孤单的，很可能您的同学或在线学习小组的其他人也会遇到类似的问题。

- 阅读脸书中其他朋友的类似经历也许对您有帮助。
- 您可能会收到来自朋友的鼓励和建议。
- 很多学生发现，即使不将遇到的问题与别人分享，只是将其简单记录下来

也是有帮助的。因为它可以理清您的思路，帮助您找到解决方案。

- 当您阅读他人的经历时，您可能会想出别人意想不到的解决方式，将这些与别人分享可以给更多的人提供有效的帮助。

7.5.3　学生们的评论

"当我不懂的时候，我总是使用脸书向朋友们求助。"

"我在脸书上有数百个朋友，其中总有人能第一时间提供我所渴求的答案。"

"有一次，一个外校的学生在脸书上给我的回复，让我对问题有了全新的思考。"

7.5.4　寻求支持的技巧

- 合理分配自己的时间，"专项专用"：（1）您私人的学习时间；（2）与朋友沟通互助解决问题；（3）进行社交。这有助于确保您的学习时间不会被脸书完全吞噬。

- 在脸书上每浪费5分钟，就增加5分钟的学习时间。这将有助于确保您的学习时间不会被用于社交和浏览无关信息。

- 如果您不能集中精力学习，请不要使用脸书。您可以通过请教朋友来获得帮助。

7.5.5　咨询问题

如果您提出问题的方式能鼓励别人做出回应，您就更有可能得到有用的答案来支持您的学习：

- 问直截了当的问题，简明扼要，这样您的朋友更有可能阅读它。
- 问一些具体的问题，这样就能清楚地知道您需要什么样的答案。
- 不要直接抄袭朋友的工作计划或作业答案。

这个问题很简短，而且表述清晰。以这种方式从同学那里寻求帮助和解答，他们更有可能会进行评论，从而产生共识。

实例

　我想我懂了，但我并不是太确定，我是这样理解的，如果X发生了这样的改变，是否意味着Y会发生……对吗？

7.6　利用脸书完成小组作业

7.6.1　脸书发挥的作用

在学校学习期间，每个学生都有可能需要以团队合作的方式完成小组作业，这需要几个成员同心协力共同完成。而且很多时候，组员之间的距离可能比较远或者团队成员不都是本校学生。

小组作业可以是制作海报，也可以是基于实验、基于田野调查或基于工作的研究项目。这样的项目需要团队合作以及团队成员之间良好的沟通。脸书可以帮助您保持联系，了解项目的最新情况，并保存大家讨论和做出决定的记录。

7.6.2　使用脸书进行小组工作

- 在脸书上建立包括所有小组成员的私人群。
- 设定使用在线群组的基本规则。
- 确保所有成员都熟悉如何使用脸书的相关功能。
- 定期发布更新、评论其他成员的更新以及上传相关内容。
- 利用相关功能组织小组会议。
- 使用投票/问题功能来评估小组成员的建议。
- 无法当面开会讨论时，利用在线功能进行群内讨论。

脸书上的所有对话内容都是可以保存的，它对今后的学习和工作都有帮助。即使您漏掉了之前发布的一个信息，也可以通过搜索将其找到。

7.6.3　学生们的评论

"我们的讲师建议使用脸书进行一个小组研究项目——这太棒了！在发现脸书是一个非常好的项目管理工具之后，我们对它的看法完全不同了！"

"为我们的商业团队项目建立一个小组很容易——我们利用脸书来安排会议和发布更新。"

"我们做了一个关于沼泽地植物的田野调查项目——我们把手机上的照片上传到我们的脸书群里，然后互相辨认对方发现的植物。"

7.7　脸书：关于学习的深入思考

7.7.1　脸书上的图书馆网站

一些大学在脸书上有图书馆网站，以鼓励学生通过这一工具进行广泛的学术研究和调查思考。美国一所大学的图书管理员进行的一项研究发现，学生们非常热衷于使用脸书来达到这一目的（Mack et al., 2007）。

如果您所在机构的图书馆通过脸书提供这项服务，它可以帮助您提高学习成绩。

7.7.2 机构对脸书的使用

很多公司和企业通常使用脸书来向用户发布有关产品、服务或更新的信息。如果您关注他们的页面，您会在新闻推送中看到他们的帖子。这可以让您及时了解与您的学习、研究或未来职业相关的重要信息。

7.7.3 脸书对学习有帮助吗？

合理使用可以帮助您提高成绩

许多学生使用脸书进行社交，您也可以在大学的图书馆里看到它，它可以成为学生社会生活的重要组成部分。最近一项英国的研究表明，学生使用脸书主要用于社交和教育目的可以提高学习成绩，作者设计了一套方法用来检验脸书的使用效果（Tian et al., 2011）。

过度使用会降低您的成绩

最近一项针对美国学生的研究表明，过度使用脸书会减少学习时间，导致成绩下降。该研究指出，学生经常辗转于脸书的社交功能和作业之间会让他们在学习中犯更多的错误（Kirschner & Karpinski, 2010）。

您可以通过把学习和社交时间分开来避免这种情况。当您学习时，避免反复查看脸书上的社交更新。

反思：使用脸书

（a）以什么方式使用脸书可以提高您的学习成绩？

（b）您最近使用脸书是否影响了学习成绩，例如过度关注脸书更新？如果是这样，您将如何改变对脸书的使用，以此来提高学习成绩？

7.8 微博和推特

第5章介绍了博客。博客可以很长、很详细。有时候，您可能想要用简洁但信息丰富的方式交流。如果是这样，您可能会发现微博对您来说更适合。

7.8.1 什么是微博？

微博是博客的一种缩写模式——将您的观点或想法发布到网上供他人阅读，唯一的区别是微博很短。

7.8.2 微博的历史

微博2005年开始出现，当时博主们开始发布更短的博客条目。到2007年，许多微型博客网站已经建立，其中最流行的是推特。

7.8.3 微博网站的种类

微博以多种形式存在，除了像推特这样只发布微信息的网站，许多其他网站也加入了发布微博的功能。例如，脸书、领英和我的空间，都允许发布微博。

7.8.4 访问推特

推特的成功根源在于，用户不仅可以通过电脑访问，还可以利用移动电话或智能手机访问。用户可以通过设备上的应用程序或使用短信，阅读和发布推特。

推特也便于建立学术社区，以同教育研究和社会发展保持同步。

7.8.5 推文

- 在推特上发布的信息称为推文。
- 每条推文至多140个字符。
- 因为简短，所以易于阅读和理解。
- 它们可以包含指向网站、博客、图片或多媒体资源的链接。

最初使用时，您可能会因为无法言简意赅地表达您的想法而感到苦恼，然而通过练习，您应该能适应这种媒体。

7.8.6 推特促进学习的技能

撰写优秀的推文可以帮助您发展与学术研究相关的技能，比如：
- 总结关键信息；
- 言简意赅；
- 书写准确、规范；
- 避免拖沓；
- 关注重要信息，删除您感兴趣但不是必需的材料；
- 通俗易懂，便于受众理解。

7.8.7 移动设备上的推特

如果您在智能手机上使用推特，您可以：
- 上传照片或视频；
- 精确定位您所在的位置；
- 利用工具压缩过长信息，使其符合推文的长度限制。

7.9 推特一般使用方法

7.9.1 创建账户

在推特或其他网站发布微博，首先您需要创建一个账户。创建推特账户是免费的，而且很简单，您只需提供以下信息：

- 用户名：您为账户起的名称，应具有唯一性，不可与他人重名。
- 昵称：这是您展示在推特上的在线名称。当您发布推文时，它们会显示在内容的旁边，所以如果您是为学习使用推特的话，应该取个恰当的昵称。
- 电子邮箱地址：用于验证身份，并发送更新等。

7.9.2 隐私设置

决定谁能阅读您的推文。推文的默认设置是公开的，但您可以选择只允许您的"关注者"阅读它们。

7.9.3 "关注"与"被关注"

因为每一分钟推特网的信息量都会成倍增长，所以您不可能阅读推特网上所有信息。为了能够更好地帮助您过滤筛选信息，推特允许您"关注"他人。如果这些人的推特是完全公开的，您会立即"关注"成功。如果不是，他们会得到通知，您希望关注他们，他们可以接受或拒绝您的请求。这一原则也适用于您的推文。

7.9.4 建立社区

推特不是为了私人自用设计的，它的用户通常都希望建立一个关注者社区——如果您发布的是私人的、没有关注者的常规推文，那么发布这些推文就没有多大意义。如果您发布了公开推文，那么为了吸引更多的关注者，您可以使用主题标签为您的推文提供关键字。

7.9.5 "对他说（@）"功能

在推特中，用户可以被其他人以"@用户名"的方式提醒。这就意味着，您可以在您的推文中以同样的方式来提醒他人，这就是众所周知的"对他说（@）"功能。您可以通过此功能查看您被别人在推特中提醒的次数。

7.9.6 使用标签

推文可以通过添加标签（如政治）分组到对话或主题中。如果您想让世界了解自己关于英国首相的政治评论，那么您需要给自己的公共推文加上标签。

您可以用推特来搜索标签，您也可以在任何时刻看到什么话题是"热点"。

7.9.7 转发

如果您看到一条特别喜欢的推文，或者您认为对您或您的社区来说特别重要，您可以将其进行转发，这意味着您的关注者都会看到这条推文。

7.9.8 列表

在推特上，您可以创建想要跟踪的人或组织的列表，而不需要关注他们的更新。这可能对您生活的特定项目或特定方面有用，比如找工作。

7.9.9 链接到其他社交网站

您可以使用诸如 Hootsuite 这样的工具来同时更新所有的社交网站。例如，如果您想告诉您的推特社区和您的脸书朋友一件特别重要的事情，您可以同时在两个网站发布更新。

7.10 使用推特进行学习

7.10.1 关注推特公众号

许多组织都有推特公众号，您可以关注并接收他们的推文，从而帮助您跟上所在领域的最新发展、了解突发新闻、查找重要文章和文件的链接。

- 大学：与学生有关的推文，比如讲座时间的改变。
- 期刊：了解学科的最新动态。
- 慈善机构：提供工作、研究和学生实习职位空缺的详细信息。
- 政府部门：发布有关政策变化条文和法律指引。
- 商业企业：提供与商业学习、产品设计或应用专业技能相关的信息。

7.10.2 发布教学信息

您的老师可能会使用推特发布一些与专业学习或者课后作业相关的消息。

7.10.3 查找信息

您可以利用推特的搜索工具查找组织或个人发布的最新信息，在政策和实践变化较快的领域（如教育、卫生、商业和政治），这非常有用。

7.10.4　搜索"热点"

您可以使用"热点"工具搜索热点事件、讨论或对话。推特根据推文中单词或标签的使用频率来推断"热点"。例如，如果许多人在推特上发布关于同一个重大事件的消息，这个事件很可能成为"热点"。如果您单击一个热点主题，您将能够看到所有提到关键字或标签的公共推文。如果您正在进行研究或完成有关世界贸易会议、政府首脑会议或艺术展等活动的任务，这个工具将非常有用。

7.10.5　获得即时帮助

推特为提问、讨论学习活动和反思提供了一种即时机制。如果老师支持您在课上使用移动设备，那么可以利用推特在课堂上与同学之间互相提问，从而快速解决疑问。

7.10.6　进行项目合作

如果您正在和其他学生进行一个小组项目，推特可以成为一个有用的工具，以加强彼此之间的沟通。您可以：
- 所有人互相关注，关于项目的推文散布于其他推文之间；
- 可以确定一个标签，所有成员都在与项目相关的推文末尾添加这一标签，这样通过搜索标签就可以查看所有推文，从而根据需要进行回复、推送和转发。

7.10.7　推特对学习有帮助吗？

对于大学生使用推特帮助学习的效果，目前已经进行了一些研究。由于推特是一个相当新的工具，现在下结论还为时尚早，但它确实能帮助学生融入学习社区，从而提高学生对学习的参与度（Junco et al.，2011；Virendra，2011）。

7.11　学生使用推特案例：莎拉

7.11.1　莎拉：大一本科生

莎拉是一名生物医学专业的学生，在上大学之前，她从未使用过推特，直到进入大学之后，她才开通推特，因为有一门课程需要在同学和老师之间用推特进行沟通和交流。老师要求每个人都通过推特进行学习交流，时刻关注专业信息的动态变化。

在使用推特的最初几周，莎拉只关注了课程负责人发布的有关该课程的推文和如何使用推特的提示。然而，当她习惯使用智能手机上的推特应用程序时，她变得更有冒险精神。

莎拉开始关注推特上的其他同学，她通过查看老师的关注者名单找到了他们。她认出了一些朋友的名字，点击了"关注"。有些同学推特公开，她可以直接看到他们的推文。有些同学则进行了隐私设置，她不得不等待他们接受自己的请求。

随着莎拉信心的增长，她的推特关注账号也开始增长。在使用推特的两个月内，她关注了100多人，也被大约70人关注。她开始每天发推特，每隔几个小时就查看一下自己的推特账号。以下是莎拉在推特上关注的一些用户的列表：

@bbcbreaking——来自BBC的突发新闻；

@skills4study——学习建议；

@BBCR1；

@ScienceNewsOrg——关于分子、基因和细胞、身体和大脑的信息；

@guardianscience；

@NUS。

7.11.2 莎拉如何使用推特学习

- 向朋友询问与课程相关的问题。
- 检查自己是否理解术语的含义。
- 阅读关于科学主题的推文。
- 关注与她的研究相关的组织，以了解最新情况。

7.11.3 建立学习社区

莎拉发现在她学习的时候收到其他学生的推文是一种激励——这让她觉得自己是社区的一员。其中一些推特信息丰富，另一些则只是帮助她在自学时避免孤独。

7.11.4 莎拉的推文实例

"我在图书馆学习，我们要不要见一面？@paul"

"很棒的演讲，是吗？我在推特上搜索到了很多有用的链接。@y3b99"

"我刚刚在最新一期上发现了一篇非常好的文章。@newscientist"

"我爱好科学，正在看一部关于DNA的纪录片，太爽了！"

7.11.5 分享观点

在一项作业中，学生要自己搜索相关材料，并向他人推荐一部有意义的作品。他们必须在推特上总结为什么这是一个不错的选择。莎拉发现这是一种对她所阅读的材料进行快速评估的有效方法。自从那次任务之后，她和同学经常互相发送此类阅读评论。

7.11.6 莎拉的评论

"一开始我对使用推特有些忐忑——上面似乎充满了垃圾信息。但当我学会了正确使用，并开始关注正确的人，这一切都开始不同——它向我提供了大量有价值的信息，我发现在我的课程上和朋友们一起工作特别好！"

7.12 学生使用推特案例：伊姆兰

7.12.1 伊姆兰：大四本科生

伊姆兰是一名食品工程学专业的学生，他在进入大学之前就已经使用推特多年，他使用推特的主要目的在于社交。他目前在推特上拥有近300名关注者，主要是家人、朋友以及他在大学里认识的人。他则关注了700多人。

随着伊姆兰即将本科毕业，他现在有两件事要做：第一，完成他最后一年的论文；第二，找一份好工作。过去几个月，他对推特的使用发生了变化。他很少用它来发表一般的社会评论，而是更多地用来支持自己的学习和找工作。

7.12.2 来自同伴的支持

伊姆兰目前使用推特与他人交流的重点是：
• 为其他同学的论文提供建设性的评论；
• 询问关于完成论文的一些特殊问题，比如别人是如何写摘要的，这点他觉得很难；
• 分享有用信息，与同学一同查看具体的食品加工细节；
• 当学习疲劳或无聊的时候用来发牢骚和抱怨，他的朋友很擅长告诉他什么时候需要休息、什么时候可以开始工作。

7.12.3 伊姆兰的评论

"大多数人在没有外界打扰的夜间工作都拥有很高的学习效率。这种工作方式很好，但是几个小时后您便会感到疲劳。我很喜欢在夜间利用推特学习，这样不会让我感到寂寞，因为随时可以找到一起学习的同伴，这给了我更大的前进动力！"

7.12.4 搜索信息

除了使用图书馆目录和更常见的搜索工具，如谷歌学术，伊姆兰还使用推特作为一个额外的资源来搜索与他最后一年论文相关的文章和新闻。他根据关键字和标签进行搜索，然后点击链接，阅读相关推文。

7.12.5　利用推特找工作

伊姆兰找工作并不局限于自己所学的食品工程专业方面的招聘，其他面向应届毕业生的招聘他也关注。伊姆兰在推特上关注了很多职业招聘的大型网站。

他已经申请了几十份各种类型的工作，正在等待某一份工作能给他面试的机会。与此同时，他正在仔细阅读他投过简历的企业发布的推文，阅读时做详细的笔记。这点在他的第一次面试中就已经发挥了作用：面试时他对公司背景详尽的了解让面试人员对他留下了良好的印象，最终他顺利地通过了初试，进入了第二轮面试。

7.12.5　伊姆兰的评论

"我是一个推特控！有一次我参加一个面试，他们问我对公司了解多少……因为之前我在推特上关注了这家公司，我看到了他们最近发布的所有新闻，所以我对公司的了解程度让他们大吃一惊。"

7.12.6　职业招聘网站

以下是伊姆兰在推特上关注的职业招聘网站。他创建了一个列表，将所有自己感兴趣的公司添加进去，这样在面试之前伊姆兰就可以充分地对这些企业的相关信息进行了解和学习。

@ monstercareers　　@ prospectsjobs　　@ guardiancareers

@ milkroundonline　　@ prospects　　@ milkround_jobs

7.13　领英：建立您的专业社区

7.13.1　领英简介

领英是一个专业的社交工具。在您学习的早期阶段，它似乎与您无关。然而，当您即将完成您的学位或学习计划，并开始考虑申请工作时，您可能会发现它大有用途。

7.13.2　如何使用领英

当您进入领英的官方网站进行注册时，它会要求您填写个人信息，包括姓名、专业以及居住地址，之后您就可以开始与其他用户建立联系。

7.13.3　领英的关系网

领英作为专业的社交网站主要用于建立人际交往群体，它可以帮助您加入社群和建立关系网，并通过群体或者企业的关系网达到与个人联系的目的。

7.13.4 社群

领英会根据您的个人信息推荐您加入相关的社群。例如：如果您是神经科专业的学生，领英会推荐您加入神经科学协会之类的团体。

7.13.5 企业

您可以在领英上查找企业。当您找到感兴趣的企业时，您可以选择关注这家企业以便获得更多第一时间的最新信息。您还可以看到以下关于该公司的信息：

- 新员工：最新雇用的员工；
- 在职员工：领英上注册的企业职员；
- 工作机会：公司提供的职位招聘信息；
- 员工统计：关于员工教育背景、工作经验以及职务等方面的大量有用数据；
- 职员动向：新员工的详细信息以及他们的过往经历。

7.13.6 社交网络特色

领英具有很多与脸书和推特类似的社交网络功能与特色：

- 更新内容；
- 转发信息给第三方；
- 加入社群；
- 添加链接。

行动：使用领英

领英有很多用于建立专业联系网的特色功能。思考：您可以在以下哪些活动中使用领英：

☐在学校组织义工活动

☐熟悉与您的职业兴趣相关的业务和公司，从而决定您未来所希望从事的专业领域、工作方向

☐加强对相关公司的了解，以便在面试时获得充分的信息

☐利用与就业有关的资料，开展职业教育或个人规划的工作

☐安排暑期工作，丰富个人履历

☐寻找工作机会

☐建立专业联系人

☐寻找实习机会

☐为面试做准备

□寻找企业信息来完成作业
□对感兴趣的专业领域保持时刻关注
□使用领英的"得到答案"功能来帮助完成创业梦想

7.14　领英：学生的兴趣点

7.14.1　知识交流

雇员、企业家以及各领域的专业人士大都通过领英来分享自己的观点和建议，所以领英的信息来源非常广泛。

7.14.2　范围

浏览领英，您会对企业处理工作的各种方式以及他们参与的组织和活动有所了解。更重要的是，您会了解到更多商业运作的信息，不只是您在课堂上所了解到的只言片语，还有更广泛的领域，比如：

- 企业文化与节日庆祝；
- 语言运用；
- 思维能力；
- 幸福指数；
- 可再生能源；
- 商业社交网络；
- 其他人如何看待商界。

这些都囊括在以下方面：

- 日志；
- 咨询；
- 新闻；
- 大事记。

行动：浏览领英

- 链接到领英；
- 查阅日志以及最新事件；
- 浏览前几个月保留下来的词条信息；
- 查看过往信息——2011年8月提供的关于非传统职业的建议。

7.14.3　系列讲座

领英提供了许多企业家、经济学家的演讲视频。如果您对自己创业或学习经济理论感兴趣，您可能会发现这些都值得一看。下面给出了两个典型的讲座示例。

托马斯·弗里德曼

2011年10月，领英发布了普利策奖得主托马斯·弗里德曼谈论他的新书《曾经的辉煌》的视频片段，以及他对美国经济转型的见解。此外，还提供了一篇评论文章。这次演讲的文稿同时也在网上发布，同时发布的还有托马斯·弗里德曼其他类似内容书稿的网址，以便更多喜欢作者的人进一步阅读和分析。

莱拉·贾纳和Samasource

同月，在领英上还有一篇关于Samasource创始人莱拉·贾纳的文章，以及她的系列演讲视频。她的演讲聚焦于Samasource如何利用分包为发展中国家成千上万的人提供参与全球经济的机会。Samsource将大型数据项目分解为许多可以通过网络分别完成的小型数据项目。

7.15　领英：学生创业使用

7.15.1　获得创业方案

领英最重要的功能之一就是获得创业方案，来自于企业、研究机构以及行业领域的专家会给学生提供各种各样的建议。这些有趣的观点会指导学生如何专业化地思考、沟通和互动，这是建立商业思维的一种方式，当申请工作、实习或为客户撰写工作简报时，也都很有帮助。

7.15.2　创业与企业项目

不可避免的是，这些问题和答案中有许多来自那些正在发展和启动新业务的企业，尤其是那些无力储备如此广泛专业知识的小企业。如果您正在建立一个学生创业公司或从事一个基于企业的项目，这些问题和答案中的一些可能会很有帮助。

7.15.3　提问示例

"您认为小企业领导者在使用社交媒体时犯的最大错误是什么？"

"一家初创企业可以使用发表在学术论文中的方法、流程、代码片段和其他知识产权吗？"

"您如何写商业计划书？"

"谁能给初创企业推荐一个基于云端的 ERP 系统？"

7.15.4　建立企业联系

"公司状态更新"这一功能有利于企业与关注者保持有效的沟通和交流。该网站提供了一些关于如何开始与其他企业建立联系的初步指导，以便更好地帮助学生实现个人的创业意愿。

如果您是一名学生，正在创办自己的公司，那么通过领英与其他公司联系可能会有帮助，比如：

- 查找资料；
- 分担研究成本；
- 了解专业知识；
- 帮助招聘员工；
- 建立供应商网络；
- 共享服务、降低成本；
- 寻找 IT 解决方案；
- 平衡生活与工作；
- 与类似或者互补型公司建立联系；
- 咨询法律问题。

7.15.5　国际维度

2011 年 11 月，领英在世界范围内有超过 1.35 亿的用户，他们中的很多人将要创立自己的企业。其中 600 万在英国，3 500 万在欧洲，1 400 万是学生。

这就意味着浏览领英上的信息可以让您对一些与国际经济相关的问题有所了解，这有助于：

- 了解有关国际商业和经济活动的相关知识和信息，而不只局限于英国。
- 更加熟悉全球背景下的相关业务，并可能从中发现机会。
- 能够看到英国的热点问题在全球范围内的热度。

7.16　案例研究：学生对社交网络工具的使用

下面是一个本科生利用社交网络工具提高自己学习成绩的案例。

约翰是英国一所大学工程学专业大四的学生，他即将毕业，目前正在找工作。约翰主要使用脸书、推特和领英与朋友进行沟通与联系，同时关注感兴趣的企业和机构的近况。

7.16.1　脸书

约翰在脸书上的朋友

约翰在脸书上有120多位好友。除了与家人和朋友联系之外，约翰还通过脸书联系：

- 同学；
- 由老师建立、用来鼓励学生就课程进行讨论和合作的学习社群；
- 他在大学时加入的一个工科学生兴趣俱乐部；
- 工程学会。

约翰使用脸书的用途

约翰主要在以下几个方面运用脸书：

- 关注朋友圈和校内的内容更新；
- 与同学共同解决课内遇到的难题；
- 当自己学习上遇到问题时，向同学求助；
- 与同学相互鼓励督促各自的学习；
- 关注工程学会的动态和最新的求职信息。

"我喜欢利用脸书与我的同班同学进行交流，谈论我在工作中遇到的问题，尤其是当深夜图书馆关门、我的老师回家时——我得到了很多人的即时帮助。"

7.16.2　推特

约翰所关注的人

约翰在推特上关注了350多个人或组织，其中大多数是专业机构、团体、工程杂志、企业或新闻机构。

约翰使用推特的用途

对推特的使用让约翰感到自己是全球工程师社区的一员。通过推特，他可以：

- 了解最新的工程新闻；
- 了解本专业的最新动态和发展；
- 关注求职信息；
- 发布有关工程的信息，开展自己的在线营销。

"推特是一个很好的工具，可以让你即时了解最新情况——每天都有成千上万条关于工程学的推文，我可以快速浏览它们，看看哪些与我相关。"

7.16.3　领英

因为约翰目前正在找工作，他每天会花费大量的时间上网搜索招聘类信息。约翰在领英上有自己的个人档案，同时还与60多家工程企业以及组织机构有联系。他在领英上的个人资料包括他的简历，潜在雇主可以看到他的简历。

"我发现领英在建立专业人脉方面非常有用——在注册领英之前，我不知道有这么多工程方面的工作机会。"

7.17 参考社交网络

7.17.1 什么时候参考这些网站？

基本上您很少会在学术作业中使用社交网络资源，因为它们不是权威来源——也就是说，它们没有经过同行评审。

下面的列表提供了一些例子，说明什么时候可以合法地在作业中使用来自社交网络的信息，因此需要引用您的资源。

● 引用公众人物的话——例如政治家、经济学家、艺术家、作家或运动员，当其评论适合作为您作业的主要来源时。

● 引用学科专家的话——当您知道某个学科权威人士在社交网站上发表了评论，而您认为这些评论与您的作业有关时。

● 做一项关于新媒体和传播学的作业——如果您正在学习一门学科，如媒体研究、社会研究或政治评论，其中媒体资源本身就是研究或批判性分析的重点。

● 引用公司的信息——如果您在领英上发现了与您所负责的业务或行业相关的信息或报价。

● 引用照片——使用 Flickr 上收藏的建筑或艺术作品的照片，以说明您对建筑、美术或艺术史作业的观点。

7.17.2 引用原则

● 对于每一个信息源，列出详细信息，以及您最后一次在网上看到它的时间和地点。

● 按照下面所列和所提供的顺序列出详细信息。

● 确保所有细节都准确无误，包括使用斜体字、方括号和其他标点符号。

● 提供主要网址（只对注册用户可见）。

● 用斜体字提供网站名称。

7.17.3 脸书参考规范

1. 作者姓名（姓和首字母）；

2. 最后更新年份；

3. 页面标题；

4. 脸书（社交网站名称）；

5. 发布时间（月份和日期）；

6.网络地址；

7.最后浏览和下载的完整日期。

7.17.4　例子：脸书

Oxfam（2012）'Join the Grow Campaign'. Available at http：//www.facebook. com/oxfamGB/ app_172837349434129（Accessed 25 March 2012）.

7.17.5　推特参考规范

1.作者姓名（姓和首字母）；

2.最后更新年份；

3.页面标题；

4.推特（社交网站名称）；

5.发布时间（月份和日期）；

6.网络地址；

7.最后浏览和下载的完整日期。

7.17.6　例子：推特

Science magazine （2012）'NASA Video： Getting to know the Goldilocks planet'.31/03/12. Available at bit.ly/H8WRRU（Accessed 31 March 2012）.

7.17.7　领英参考规范

1.作者姓名（姓和首字母）；

2.最后更新年份；

3.页面标题；

4.领英（社交网站名称）；

5.发布时间（月份和日期）；

6.网络地址；

7.最后浏览和下载的完整日期。

7.17.8　例子：领英

Elwin， B. （2012）'Thailand takes first steps on long road to inclusive mainstream education'.LinkedIn， 30/03/12 Available at http： //www.linkedin.com/ groupAnswers？ viewQuestionAndAnswers=&discussionID=104601844&gid=18383467 goback= % 2Eg de_183846_member_98255114&trk=NUS_DISC_Qttle （Accessed 30 March 2012）.

7.17.9　Flickr参考规范

1.摄影师姓名；

2.最后更新年份；

3.照片标题；

4.Flickr（社交网站名称）；

5.网络地址；

6.最后浏览和下载的完整日期。

7.17.10　例子：Flickr

Wayne，S. H.（2008）Usain Bolt wins another gold in the 4×400m relay in 2008 Beijing Olympics ［Online］. Available at http：//www.flflickr.com/photos/ wayne_t/ 2787901480/（Accessed 30 March 2012）.

7.18　本章小结

虽然很多学生在日常生活中喜爱使用社交网络工具，但他们并不经常利用这些工具来支持学习。当学生将社交网络工具合理地运用到学习中时，他们会受益匪浅。

社交网络工具应用于学习的方式在一定程度上取决于：

●大学里对使用社交网络工具的接受程度。例如，在脸书或同类社交网站上提供图书馆及院系资源信息。

●与学生学科相关的外部组织在多大程度上使用相同的社交网络工具。

●学校的老师是否允许在授课期间使用社交网络工具。

●在课程学习中，会建立哪些正式及非正式的互助网络。

学生可以与其他同学一起加入社交网络社群，无论这些同学是住在一个公寓，还是拥有共同兴趣和爱好，或者是在其他大学的相关专业。这种方式可以帮助初次离开家庭、开始独自学习生活的同学减轻孤独感，同时帮助他们在学业上得到更多有用的信息。

从学术的角度来看，社交网络可以帮助学生为自己的学习承担更多的责任，互相寻找答案，而不是总向老师求助。这样做的另一个好处是，如果同一专业的学生使用相同的社交网络工具，他们可以：

●获得关于学习问题的即时反馈，而不是等待讲师的回复；

●建立一个学习互助社区；

●培养一种相互支持的团队精神来解决问题，就像在今后的职业生涯中所期望的那样。

第8章

课堂与通信技术

学习目标

本章内容主要包括：

● 学习一些在课堂上常用的技术，理解为什么要学习这些技术以及您应该将这些技术掌握到什么程度；

● 了解如何将这些技术应用到学习当中以帮助您提高和发展学习能力；

● 确定协作学习当中必不可少的学习技术；

● 思考如何利用移动设备和应用程序来提高您的学习成绩。

引言

在高等教育中，通信技术越来越多地出现在课堂上，作为促使学生进一步参与学习过程的手段。这些技术可以帮助达到以下目的：

● 充分调动课堂学习的积极性，让所有学生都参与进来，而不是像以往那样，只有少数学生在被提问时给出答案，或参与讨论；

● 让老师看到全班学生对教学材料的真正理解程度；

● 引导学生在课堂内外相互学习、相互支持；

● 鼓励学生即使离开课堂后，仍旧踊跃参加学习社团和互助学习活动；

● 为学生远程学习提供支持和帮助。

本章将着重讨论五种技术：

● 手机投票；

● 讲座捕捉与聊天；

● 视频会议；

● 协作学习；

● 移动设备。

本章概述了您在课堂上可能遇到的一些工具，并提供了如何充分利用这些工具的指导。它还研究了支持学术交流和协作工作的工具，有些在课堂上，有些在远程，有些两者兼而有之。

8.1 使用范围

一些最新发展成熟的通信技术，结合起来在课堂上和远程学习中使用，可以带来更加丰富的学习体验。

课堂学习　　　　　　课堂和远程学习　　　　　　　远程学习

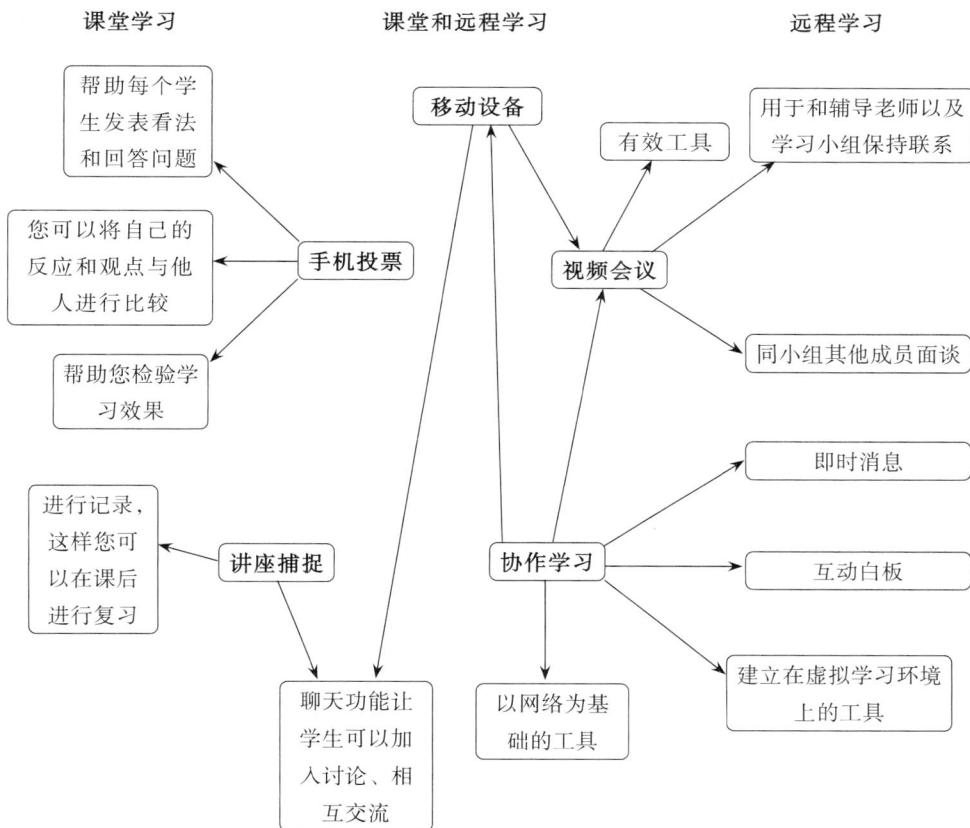

8.2 手机投票

8.2.1 什么是手机投票？

当老师在课堂的电子屏上打出问题时，学生可以通过按动手持电子设备上的按钮来回答问题。

这种方式类似于电视娱乐节目"谁想成为百万富翁"中，观众使用手中的电子设备来选择答案。根据问题的不同，学生可以在屏幕上看到 4~6 个选项，依次选择是或否。结果即刻汇总完毕并显示在屏幕上，以供学生接下来进行讨论。

这种回答问题的方式同样可使用手机或者其他智能设备来完成，这种方式在未来的教学中将会更加普遍。

8.2.2 回答是匿名的吗？

教室专用投票手机

在这种情况中，当您走进教室时，您通常会随机收到一部投票手机。这就意味着您的回答是匿名的，只有您知道自己是如何回答每个问题的。

学生专用投票手机

如果学生是用自己的账号注册得到的投票手机，那么很可能这些手机会被编号，并记录下您听过的讲座。这就意味着，虽然您的个人回答不能被全班同学看到，但老师可以知道您的答案。他们还可以记录下每个学生的回答，并在一个或多个课程里跟踪他们的答案或表现。

8.2.3 为什么要使用手机投票？

在课堂中鼓励学生使用手机投票的原因如下：

- **对学生一视同仁**

确保学生在课堂上同等地回答问题。

- **收集意见**

了解学生的观点和想法。

- **让课堂更有趣**

让每个学生都参与进来。

- **检查学生的理解程度**

找出学生无法理解或令人困惑的地方。

- **展开讨论**

针对全班同学的作答来展开讨论。

- **解决问题**

以班级为单位来努力找到解决方案。

- **观察观点的改变**

确定学生的理解或观点是否随着某些信息或讨论而改变。

- **检查对重点知识的理解**

手机投票是老师检验学生学习效果的有效方式。

- **随堂测试**

要求学生快速、准确地回答问题，一旦提交答案便不能更改。

- **帮助学生理解数据**

课堂上整理过的答案可以在屏幕上以数据图表的形式呈现，帮助学生理解这些数据能揭示什么、不能揭示什么。

- 为考试做准备

鼓励学生以有趣的方式进行学习，从而加强理解和记忆。

- 收集学生反馈信息

通过学生的意见可以衡量老师的教学质量。

- 课程民主化

让学生对与自己相关的问题进行投票。

- 以上任意组合

8.3 珍惜手机投票的机会

8.3.1 积极参与

如果您在课堂中获得了一个使用手机投票的机会，您应该积极发挥它的作用参与到课程互动当中。需要注意的是，老师可以判断出是否每个人都做了回应，甚至还可以确定谁没有做出回应。

8.3.2 做出建设性的选择

当回答某些问题时，特别是当您觉得自己并不真正知道答案时，可能会有一种随机选择的诱惑。在这种情况下：

- 做出"最好的猜测"仍然是有用的：您可能会发现，您比想象中拥有更好的理解力和知识储备。

- 仔细思考问题以便做出正确的猜测，这本身就能帮助您在自己的头脑中更好地理解问题，这对您以后的作业、考试或工作都有帮助。

- 充分参与回答，即使只是一个猜测，也能帮助您了解猜测作为一种策略对您多有效。在未来的类似情况或测试中，这可以很好地帮助您了解应该在多大程度上相信自己的猜测。

- 您可能会发现通过这种方式，您的课堂学习内容和讨论变得非常有趣，尤其是当您比别人回答的准确率更高时。

8.3.3 对比您的观点和反应

如果您有机会在演示屏幕上看到全班同学的反应：

- 将您自己的回答与其他同学的回答进行对比。

- 注意其他人是如何回答问题的，比如是不是每个答错的人都选择了同样的错误答案，这会帮助您对自己的思路进行梳理。

- 注意团队成员对问题的其他观点，考虑一下为什么会这样。

8.3.4　自我检测学习效果

当手机投票在课堂上用于检查对学习内容的理解程度或为考试做准备时，好好利用这个机会来梳理自己的知识结构和巩固记忆。必须快速做出投票反应，这样可以帮您发现自己的强项和弱点：

- **检测记忆力**

根据您回答的情况来检验您记忆的准确性和反应速度。

- **分析错误答案**

您的答案可以帮助您明确您在学习中的不足之处以便今后在这些方面花费更多的时间，而对问题的错误回答可以帮您找出自身知识的盲点，以便在今后的学习中有目的地进行学习。

- **进行记录**

对您回答错误的问题和答案进行详细记录。

- **分析正确答案**

跟随课堂内容学习。

- **检测理解能力**

检查自己是否理解正确的答案，以及为什么自己的回答是不正确的。

- **复习课堂内容**

进行适当的记录，并反复阅读笔记以及与同学进行讨论，直到您确认自己完全理解为止。

- **求助**

如果您仍然无法理解为什么回答错误，您可以向别人寻求帮助。

- **回顾复习**

老师可能会将部分问题放在期末考试当中，所以适当地对习题进行回顾和复习对考试很有帮助。

8.4　讲座捕捉

8.4.1　什么是"讲座捕捉"？

为了便于学生下课后复习，老师在课程中经常会使用一些工具来记录课堂讲授的内容，即"讲座捕捉"。根据使用工具的不同，讲座捕捉可能是：

- 讲座的简单录音；
- 与幻灯片等演示材料同步的录音；
- 一套集成的资源，包括音频、视频、幻灯片和其他演示材料、聊天和电子白板等；

● 将上述部分或全部集成到虚拟学习环境中。

8.4.2 如何知道是否使用了讲座捕捉？

您很可能会提前或在讲座开始时得到通知。您还可能注意到讲师戴着一个额外的麦克风，可能还有一个摄像机。如果使用特定的软件来录制讲座，演示屏幕可能看起来也不一样。

8.4.3 如何从讲座捕捉中获益？

根据老师所使用的不同类型讲座捕捉工具，您可以执行以下部分或全部操作：
● 在课堂上与老师和同学互动；
● 反复听或看讲座内容，次数不限，以此作为自学的一部分；
● 复习课程难点，以此加深自己的理解；
● 在学习小组中复习部分内容，以激发对所提问题的讨论；
● 将部分或全部讲座内容用于备考。

8.4.4 访问讲座记录

一般情况下，您可以通过虚拟学习环境或外部站点的链接获得讲座记录，内容可能以 Flash 格式或在线播放的形式提供，因此您需要检查您的计算机或移动设备是否可以查看这些内容。

8.4.5 有效利用讲座捕捉

录音或录像
实际上，这些就是播客，您可以参考第4章了解如何使用这些工具进行学习。

声音、视频、演示材料和旁白
如果您有丰富的讲座或课程的配套资源，那么您应该：
● 讲座结束后，及时制订计划，把这些内容浏览一遍；
● 课后尽快阅读课堂笔记，这样有助于理清和巩固课堂所学内容；
● 思考如何更好地利用所提供的学习资源，明确哪种资源对您的学习最有帮助；
● 养成课堂做笔记的习惯，并将这些资源与自己的课堂笔记结合起来使用。

8.4.6 学生们的评论

"录下来的讲座对我备考非常有帮助——我只是希望我能分配更多的时间来有效地利用它们。"

"我发现，一边听老师讲课，一边看幻灯片特别有用，我经常使用这些资源。"

8.5　讲座捕捉：聊天

有些类型的讲座捕捉，内置了一些工具，可以让学生在课堂上使用笔记本电脑或移动设备发布简短的即时消息或问题，这些内容将显示在演示屏幕上，可以在屏幕下方滚动播放，或者显示在屏幕一侧。老师可能会用这些问题来激发学生辩论，以此来观察学生对本次授课内容的理解程度。

聊天（或即时消息传递）工具为课堂互动提供了许多机会，包括：

- 为其他同学提供相关信息，如相关书籍、文章、网站或辅助材料等。
- 对教学材料进行评论。
- 向其他同学提问。

反思：课堂上的聊天工具

如果提供这个工具，您认为提出什么样的问题最有帮助？

其他学生什么类型的问题或评论会惹恼您？如果出现这种情况，您将如何处理？

8.5.1　在课堂上使用聊天工具的注意事项

如果您有机会在讲座或课堂上使用屏幕上的聊天功能，应该有所为有所不为。

8.5.2　应该做的事情

- 积极参与。
- 使用聊天工具进行有价值的提问和评论（不是为了使用而使用）。
- 思考对课堂和同学有意义的问题和评论。
- 确保您所有的问题和评论都是与课堂内容相关的。
- 语言保持言简意赅。
- 即使您不同意他人的观点或不喜欢他人的演讲风格，您的回答也要善意和具有建设性。
- 确保老师有足够的时间完成课堂内容——避免"反客为主"。
- 给其他学生发言保留余地，不要当"麦霸"。
- 聚焦于课堂内容。

8.5.3　避免的行为

- 不要浪费机会。
- 不要浪费其他学生的时间，那些希望集中精神于课堂内容的学生会被那些分散注意力、不相干的聊天评论惹恼。
- 不要单纯为了引起老师与同学的注意而提问。
- 不要与同学产生恶意竞争。
- 不要占用所有可用的聊天时间。
- 不要将聊天内容偏离课堂主题从而让自己分心。

8.6 协作学习工具

8.6.1 什么是协作学习工具？

这些工具的设计目的是让您可以在线与导师和其他学生互动，它们可以：
- 通过虚拟学习环境进入。
- 通过网站访问。

具体功能根据您所在院校使用的产品而有所不同，但作为一名学生，您通常可以免费使用所有功能。

8.6.2 协作学习工具的特色功能

协作学习工具通常提供：
- **白板交流功能**：用于一个小组一起交流思想、沟通行动、制作图表或绘图。
- **演讲或讨论学习资源**：既可以讨论老师提供的 PPT 文件等资料，也可以参与由外部公司或组织提供的网络研讨会。
- **视频与音频媒体**：通过这些功能您可以收听或观看教学内容，您的老师也可能会邀请您参加一个在线教程，讨论一个特定的主题或布置作业。
- **短消息和聊天功能**：您可以通过这些功能向老师和学生提问。

8.6.3 在哪里可以找到这些工具？

如果需要在学习中使用这样的工具，您的老师通常会通知您，并告诉您使用方法。通常只有确认您是该课程的学生后，才能登录访问。

8.6.4 为什么要使用协作学习工具？

这种工具可以用来与学生在互联网上沟通，而不必面对面。以前老师会将这种工具应用于远程教学中，因为远程教学是不可能对学生进行面对面授课的。现在，即使非远程教学，老师也经常使用这种工具来辅助课堂教学。

8.6.5 课前准备

在开始上课之前，充分预习。下面的列表会给您提供帮助：

网络连接和电脑设置

☐确保网络正常运行

☐确保麦克风插口正常连接

☐确保网络摄像机正常连接

☐确保登录信息正确无误

☐确保了解如何使用在线工具

学习准备

☐确保课前预习

☐确保将有疑问的问题进行列表

☐确保完成老师布置的作业

环境

☐确保学习环境安静

☐确保不被任何手机来电或其他杂音干扰

☐确保学习资料完备

☐确保精力集中

8.7　在课堂上使用协作学习工具

8.7.1　协同工作

人们对协作学习的反应是不同的。将各种不同的想法汇集在一起，并看到想法从一个概念发展成为成熟的计划、图纸或其他工作成果，这是非常令人兴奋的。

当您掌握如何使用协作学习工具时，它会给您的学习带来前所未有的新鲜感和融洽的课堂气氛，以此创造更多的提问和讨论。当学生们都使用同一种协作学习工具时，观点提出和发展的速度非常迅捷，可以使课堂得到更有效地利用。

另外，并不是每个人都对使用这样的工具怀有好感，因为：

- 当大家一起使用的时候，秩序可能会显得很混乱。

- 如果无人问津，又是一种资源浪费。

- 如果不能集思广益，任由个别人主导局面，则会让人感觉失落和厌烦。

8.7.2　发挥您的作用

- 踊跃参与。

- 和其他团队工作一样，斟酌您将要提出的观点，同时记录下他人的观点，将其与自己的观点进行比较。

- 如果您是一个积极的参与者，尽量给其他组员留有一定的参与空间。
- 如果您没有做出贡献，那就更积极主动地提出想法，并通过工具分享这些想法。如果您发现自己没什么可说的，那就在课前多做些准备，这样您就能充分了解情况，并能从阅读材料和问题列表中找到答案。
- 寻找机会让其他人参与进来，这样每个人都有机会做出贡献。
- 参与他人的评论和讨论，不要只和老师互动。

8.7.3 充分利用在线课堂

当开始上课时，老师会向您解释如何使用这些工具，以及如何利用这些工具参与课堂学习。以下各项会对您有所帮助。

8.7.4 使用协作学习工具

向别人学习

☐集中注意力听老师和其他发言者的所言所行。

☐对老师和发言者所发表的观点进行有选择性的记录，以此来帮助您记住要点。

☐将老师发言中您不明白的问题记录下来，在课间休息的时候问这些问题，或者如果在课堂上使用了协作学习工具，就把它们作为即时消息发布。

与别人互动

☐如果您有自己的观点，决定是通过提问的方式还是发送即时消息的方式解决。

☐确保您知道如何使用协作学习工具来合作编写笔记或绘图。

参与

☐确保您会正确使用手机和网络摄像机进行参与。

☐查阅是否已经发布公开或私人即时消息。

☐避免被工具的其他功能分散注意力，只用课堂上允许使用的功能。

遵守礼节

☐在使用工具的过程中，注意礼仪得当，因为它可能与传统的方式不同。

☐不要在上课过程中打扰别的学生。

☐成为好的团队成员：积极参与讨论，不要吝啬与其他成员分享观点。

8.8 案例研究：协作学习

8.8.1 在线协作学习

卢克是沟通学专业的本科学生，他课上的很多内容需要在线与老师和其他五名同学一起沟通完成。在第一次上课之前，卢克学会了以下内容：

- 如何登录协作学习空间。
- 如何使用相关工具。
- 如何完成课前预习。

在上课之前，小组成员需要提前阅读一些新闻稿，针对老师提出的问题给出相应答案。学生需要在课堂上将自己的答案朗读出来，并与其他同学进行相关的讨论和分析，而引发讨论的最好方式就是先进行一段观点阐述。

卢克第一次在线协作学习之前非常担忧，当时他正在学生公寓里，担心笔记本电脑上的网络连接是否可靠。他也有点担心使用笔记本电脑上的摄像头和麦克风，因为上次他试图将它们用于社交活动时，它们都没有很好地工作。

在指定的时间，卢克登录到在线协作学习社群，从参与人员列表中，他看到同学和老师都已经登录在线了。卢克检查发现他的麦克风是正常工作的，但是网络摄像机却无法打开。

在学习过程中，卢克通过即时消息和麦克风参与了讨论和学习活动，但是他觉得由于没有可用的网络摄像机，他错过了一些学习机会。

当小组一起制作一个协作文档时，所有的学生都能够同时为在线文档做出贡献，同时使用语音工具和即时消息讨论修改细节，此外，他们还使用白板勾画出文档的写作计划。

8.8.2 卢克的评论

"我很喜欢这个在线学习课程——它实际上非常棒，让我感觉如同坐在图书馆里与大家一起讨论一样。我们一起对所有阅读的文章里好的和不好的方面进行归纳和总结，即使我没有从头到尾读过这些文章，但是对其中很多部分还是有印象的。其他同学对文章的观点我不是太理解，所以没太帮到我，但是我们已经用重点标记的方式将新闻稿的大概轮廓勾勒出来。当然，这只是我们第一次在线学习，我们的模拟新闻稿还没有完成，我们以后将会做得更好。"

"我的网络摄像机坏了……我看不见其他人，我稍微有种局外人的感觉。他们同样也无法看到我的肢体活动，所以每当我停止说话进行思考的时候，别人总会打断我的思路。他们可以相互看到彼此，因此可以更有耐心，让他们在演讲时想清楚自己想说什么。过了一会儿，我对此感到心烦，也不想再继续参与协作学习了。但有一点我还是比较满意的，那就是我们所有的对话记录都会得到永久保存。"

行动：为协作学习做准备

思考卢克的在线协作学习的经验：

- 您有什么建议，让他在下次在线协作学习之前和学习期间采取不同的做法？
- 如果是您，您将如何为在线协作做准备？

8.9　视频会议工具

8.9.1　什么是视频会议工具？

这些工具的目的是让您能够通过网络与另一个人（或一组人）进行视频通信。

现如今，视频会议工具越来越复杂，功能性越来越强大，并且可以在网上分享很多特色功能。

8.9.2　需要什么设备？

您需要：

- 使用装有视频会议软件的电脑或者移动设备。
- 高质量、稳定的网络连接。
- 将网络摄像机连接到您的电脑或移动设备上。
- 将集成麦克风或外部麦克风连接到您的电脑或移动设备上。

8.9.3　在校外使用视频会议工具

- 提前检查您是否能够在该地点接入互联网（通过 wifi 或数据包）。
- 检查是否有联网设备。
- 如果您使用自己的设备，提前安装必要的软件，并检查它是否正常工作。
- 牢记您的登录信息，以确保能够顺利无误地登录。

8.9.4　什么是互联网语音协议（VoIP）？

VoIP 允许您通过视频会议工具在互联网上传输音频和视频信息。有许多VoIP 提供商和服务允许您通过互联网拨打和接收电话。

8.9.5　视频会议工具的特色功能

这些工具有许多特色功能可以用于学术研究，以 Skype 为例，主要如下：

- **网络来电（音频或视频）**：您可以通过电脑（或移动设备）免费给其他Skype 用户打网络电话。
- **呼叫**：您可以用 Skype 给他人打电话，不过要收费。
- **个人档案**：您可以提供包含您个人信息的公开（或私人）简介。
- **联系人**：您可以建立一个由 Skype 上的朋友、家人、同事和老师组成的联系人列表。

- **短消息**：您可以向 Skype 联系人发送即时消息。
- **连接社交网站**：您可以把 Skype 同脸书这样的社交网络连接。
- **移动设备**：您可以在移动设备上使用 Skype。
- **电话会议**：您可以与多个 Skype 用户进行电话会议（包括付费视频）。
- **分享屏幕**：您可以在通话期间与 Skype 用户共享屏幕，不过要收费。

8.10 学生如何使用视频会议

8.10.1 如何将视频会议运用到学习中

如何使用视频会议将取决于您的课程、您参与的项目，以及您自身、老师和您班上同学的个人喜好。您可以用它来进行在线对话、讨论或会议，方式如下：

- 与您的辅导员、老师进行沟通、学习以及培训。
- 与其他同学进行课题学习、讨论以及社交活动。
- 与学习小组或项目小组成员一起，互相汇报各自进展，交流最新的想法和观点。
- 与研究项目的参与者交流讨论。
- 如果您是一名远程教育的学生，可以用来与学校老师保持联系。
- 当您在校园里或不在实习地点进行与实习有关的活动时，可以用来与实习地点的主管保持联系。

8.10.2 在实习时保持联系

许多学生在最后一年的学习中需要参与一项校外实习，这意味着他们将有一段时间离开校园，或者去工作岗位实习或者去其他国家访问交流。在这段时间里，学生仍然需要和学校老师以及相关负责人保持及时的联系，通常会使用电子邮件。视频会议工具的使用提供了一种更加便捷和有意义的联系方式，让当事人感到交流更方便、讨论更深入。

8.10.3 为研究项目进行访谈

大多数学生在学习过程中将参与一个或多个研究项目，对一些人来说，这将涉及以问卷或访谈的形式从其他人那里收集数据。

如果在您的项目中，需要访谈的人离您很远，那么通过网络形式安排访谈可能是最有效和划算的。

8.10.4 利用网络进行访谈

- **确保符合道德和法律规范**

例如，您可能需要获得采访儿童的特殊许可，并且需要有可靠的程序来确保采访内容是适合受访儿童年龄的，并且这些材料不会以意想不到的和不道德的方式在互联网上使用。

- **确保可行性**

确保您的受访者能够顺利访问网络工具。根据您所从事的项目类型、参与人员以及参与组织的性质，确定受访者使用网络工具的方式。

- **照顾受访者**

确保您的受访者对网络工具的使用感到方便和舒适，清楚地了解将会发生什么以及他们需要做什么。如果他们不喜欢在网上发言，那就找一个替代的方法来进行采访，或者找一个不同的受访者。

- **确保环境适宜**

确保您在访谈时不会被打扰，并且屏幕上可见的背景适合访谈。

- **检查设备**

确保您的网络连接是可靠的，在开始访谈之前，确保对方能清楚地听到或看到您。

8.11 案例研究：视频会议访谈

8.11.1 项目简介

玛丽卡是一名心理学专业的大四学生，她正在进行一项关于顶级运动员的饮食和健康状况的研究项目。她的项目要求她采访 8~10 名参加省级比赛的运动员。

玛丽卡很快意识到，她负担不起为了访问这些运动员而全国旅行的费用。起初，她决定只利用视频会议来约谈其中 4 位居住地距离她所在大学 30 英里以外的运动员。但是，她的老师告诉她，她需要控制访谈条件作为变量，这就意味着，她必须对视频会议的使用非常熟练才行。她最终选择通过视频会议进行了全部10 次采访。

"我选择视频会议而不是普通电话访谈的原因是，我希望通过视频功能来观察受访者的肢体动作以及面部表情，以此来判断他们回答问题时的内心活动。"

8.11.2 访谈过程

玛丽卡首先需要确定是不是每个人都可以使用视频会议。令她沮丧的是，有几个人根本就不知道什么是视频会议，而且一开始就很不情愿。有些人表示当他们面对网络摄像机回答问题时，他们的大脑一片空白。玛丽卡耐心地向他们讲解接下来会发生的事情以及进一步解释如何使用视频会议进行交谈。有一次，她通过当地的一家体育俱乐部争取到了访谈机会。所有这些都花了很多时间。

"我并没有意识到，受访者在使用这项技术时会多么焦虑和难为情。这点我会在以后的工作中加以注意。"

当她得知使用视频会议进行访谈可以实现时，玛丽卡通过电子邮件和电话确定了访谈细节，确保每个受访者都知道他们访谈的时间，以及如何使用视频会议工具。她在访谈的前一天会再次以电子邮件的方式进行提醒，她还提前告知受访者她要谈的话题，这样他们就会觉得有话可说，在访谈中不至于冷场。

"我已经在访问前确保网络连接一切正常，但是我没有料到受访者的网络有时候会不好用。3名运动员的网络信号很差，以至于我不能像采访其他人那样使用视频，这样的访谈材料最终是无法使用的，所以我必须在短时间内采访至少一名新受访者，以达到项目要求。"

8.11.3　总结经验

玛丽卡的总体感觉是，使用视频会议是非常有帮助的：

- 对她来说更经济实惠。
- 她能看到受访者，这很有帮助。
- 她在使用视频会议的过程中收获了很多经验，她可以在以后的项目中加以借鉴。

8.11.4　玛丽卡的评论

"能够在采访中看到受访对象比只在电话一头听见对方的声音感觉好太多了。在这次访问中，能看到受访者的面孔是很好的事，但是我确实注意到，除了面部表情之外我很难解读肢体语言的其他方面，因为我只能看到受访者肩部以上的部位，这些经验对今后的项目研究都是有帮助的。"

"我当然会再次使用它，但只有在一个项目需要相对较少的访谈或者我不需要控制访谈变量的情况下才会这样做。我会做更多的事前准备，尤其是当我和那些对视频会议感到不习惯的人一起工作的时候。"

8.12　案例研究：视频会议协助实习

加雷思是一名药理学专业的学生，他在新加坡一家制药公司实习了一年。加雷思每个月都会收到他在英国大学老师的来信，因为老师是他实习期间的联系人。

在前往新加坡之前，加雷思要求与他未来在新加坡的主管经理进行一次简短的视频会议，以便相互了解。加雷思通过这种方式确认了实习工作的细节，并与未来的同事进行了一次有效的沟通和交流。他询问了未来一年应该带些什么东西，并获得了一些在新加坡工作和生活的建议。

"虽然我从实习机构提供的文件中可以找到很多这方面的信息，但是在面对面聊天时，对不明之处进行询问以及可以看到聊天对象的感觉还是很不一样。只是看看他们穿什么就很有帮助了——我意识到，在工作环境中，我需要穿不同于我想象的衣服。我觉得我会和那里的人相处得很好，所以我对远行不那么担心了。"

虽然加雷思很享受在国外生活和工作的经历，但他觉得在某些方面，他的工作安排还是有瑕疵的。在实习期间，他多次通过视频会议与老师交流，以说明自己的想法。他同样非常想念自己的家人和朋友，不过通过视频会议工具可以不时看到他们，加雷思深感欣慰。

加雷思还通过视频会议与他所在大学的一位职业顾问交谈，讨论他回国申请工作之前需要做哪些准备工作。大学毕业后，加雷思如愿进入了一家制药企业工作。

"我确实很想念家乡，视频会议让我看到家人和同学对我意义非凡。我很高兴能和家人谈话，尤其是能亲眼看到我爸爸没事——我一直很担心他。与我的家人和老师保持联系对我顺利完成学业起到了至关重要的作用。考虑到遥远的距离，视频和音质都出奇地好。"

反思：使用视频会议

通过玛丽卡和加雷思使用视频会议的经历：

- 您认为，何时以及如何使用这项技术可能对您有益？
- 当使用这项技术之前，您认为应该提前做哪些准备？

8.13 移动设备

本书中讨论的许多活动和技术都可以在移动设备上执行和使用。如果您想知道是否需要购买智能手机、平板电脑或其他便携式媒体设备，或者已有设备是否可用，考虑一下以下几点。

8.13.1 选择标准

- 您能够灵活使用互联网阅读信息吗？
- 您可以使用它进入虚拟学习环境，或者进入一个特定的互联网应用程序吗？
- 您能在上面购买和使用应用程序吗？应用商店里有一些教育类的应用程序可以帮助您提高学习效率。
- 您能通过它获取电子书吗？网络中有很多电子版本的教科书，您能够顺利阅读吗？
- 您打算用它来写作业吗？如果是的话，您能长时间在上面打字吗？
- 如果您愿意的话，您能在上面安装一个软键盘吗？
- 您能在您的设备上做笔记或录音吗？如果可以，这可能是听课的一个优势，并且可以随时记录自己思考时获得的灵感。

- 在现实中，您是否会把它带入校园，并在学习中使用它？
- 所有的花费是多少？具体包括：购买手机的费用、购买或下载软件的费用以及网络收费。

8.13.2　智能手机的优点和缺点

智能手机的学习优势

智能手机可快速上网，提供广泛的学习资料和多种交流沟通的方式。根据不同的模式，以下是一些您可以使用智能手机来支持您的学术研究的方法：

- 访问您的虚拟学习环境、资料库以及可供使用的工具。
- 进入您的移动学习应用程序或者网站。
- 及时更新课程邮件。
- 使用日历进行时间规划。
- 下载学习辅助工具和百科全书等应用程序。
- 通过软件进行在线阅读。
- 利用录音工具录制讲座。
- 拍摄照片或视频，以供作业或小组讨论使用。
- 进行简单的笔记记录。
- 利用社交媒体进行协作学习。
- 在课堂上参与屏幕上的即时消息聊天。
- 播放各种网站上的播客。
- 参加在线测试。
- 参与手机投票。
- 进行视频会议。

智能手机的学习劣势

除了有限篇幅的打字和阅读之外，使用智能手机进行大篇幅的相关工作并不容易，也不可取。您需要使用额外的替代设备完成以下工作，例如：

- 书写复杂的长篇作业。
- 阅读期刊文章、网络书籍或长篇课程材料。
- 需要经常在应用程序之间切换的任务。

8.14　移动设备：平板电脑和电子阅读器

8.14.1　平板电脑

平板电脑通常比较昂贵，所以权衡总成本很重要，尤其不能忽视上网费用。大多数的设备安装的操作系统以下四类必居其一：

- 苹果（iOS操作系统）；
- 安卓（安卓操作系统）；
- 黑莓（黑莓系统）；
- Windows（微软操作系统）。

8.14.2　使用平板电脑学习

平板电脑相对笔记本电脑来说用于学习更加方便，它们通常轻薄便携，同时提供网络连接，让您轻松上网。不过，网络连接的质量是关键。

8.14.3　文字处理和打印

您需要下载文字处理软件到您的设备上，然后更新您的操作系统。之后您便可以导出您的文件（发送到另外一台电脑上或者通过无线连接发送到打印机上），以便在另一台电脑上使用或打印。

8.14.4　平板电脑学习内容

- 在课堂或校外访问虚拟学习环境。
- 更新课程邮件。
- 使用日历。
- 利用音频工具录制讲座。
- 随堂记笔记。
- 课后整理笔记。
- 下载学习应用程序。
- 写作业。
- 阅读电子书。
- 在互联网或应用程序中查阅定义、词条以及概念。
- 利用下载的文字处理器写作业。
- 访问多媒体内容，如播客和教育视频。
- 搜索期刊数据库。
- 使用社交媒体进行协作学习。
- 使用视频会议。
- 存储参考资料。
- 阅读论文和参考文献。

8.14.5　使用电子阅读器学习

电子阅读器是为阅读电子书或其他数字内容而设计的平板设备，它们的屏幕亮度会自动调节，可以在不同的光线条件下帮助阅读。它的最大优势是当您不在图书馆时仍可最大限度地获得图书资源。在利用电子阅读器学习之前，请确定您的课程所需的图书是否有适合的文件格式。

8.15　使用移动设备学习

8.15.1　注意事项

- **安全性**：考虑您传输和使用移动设备的环境。
- **重量**：即使移动设备相对较轻，随身携带一整天也会成为问题，检查是否有安全的储物柜。
- **多种硬件**：您有可能需要访问其他硬件，如需要更新操作系统的电脑和打印机。考虑您的移动设备是否最适合阅读、写作或视听任务。
- **同步更新**：有些应用程序，比如 Dropbox，可以让您同时在您的电脑和移动设备上处理文件，并同步更新。如果您网络连接中断，Dropbox 会在您重新连接后自动更新文件。
- **即时信息**：帮助您使用移动设备在课堂上进行快速的翻译及定义搜索。
- **分散精力**：学习时很容易被设备上的各种工具分散注意力，所以应提前做好使用计划。

8.15.2　使用搜索与参考工具

- **图书馆搜索引擎**：它们可能有在移动设备上使用的版本，可以通过应用程序或移动端兼容网站进入。
- **文献数据库**：它们有时会提供移动端兼容的网站，所以您可以在移动设备上使用。如果没有，那就用电脑。
- **在线搜索引擎**：它们都是移动端兼容的，一些应用程序，如谷歌和雅虎，提供更便捷的搜索方式。
- **参考文献管理工具**：它们有时可以在移动设备上使用。例如：Mendeley 作为一款软件，可以帮助您将参考资料同步到网页、桌面以及移动设备上。这样您就只须在一个地址维护和搜索数据库，从而很大程度上提高您的搜索效率。

8.15.3　学生们的评论

以下是使用平板电脑几个月后几个学生在课堂上的发言：

"它完全改变了我的学习方式——一切尽在掌握。"

"我去哪儿都带着它。"

"我在最后一年的学习中利用 iPad 进行数据收集……它是我实验的记录本。"

"我用移动设备在课堂上进行录音，然后在图书馆反复收听，进行复习。"

8.15.4   浏览声音、图片和视频

移动设备很适合用来观看视频、图像以及有声资料，您可以：
- 听播客；
- 搜索在线图片；
- 观看视频。

8.15.5   信息捕捉

移动设备非常擅长于：
- 录音（如上课内容）；
- 录制视频（如突发事件）；
- 拍照（如实地考察）；
- 记录位置信息（如运动项目）。

8.15.6   阅读新闻

移动设备是阅读新闻的最佳选择，有很多应用程序支持这个功能，并且非常方便和快捷。您可以使用相关软件对信息进行实时更新：
- RSS新闻阅读器；
- 推特；
- 播客；
- 谷歌浏览器。

8.16   实习环境里移动设备的应用

8.16.1   实习项目中移动设备的应用

屡获殊荣的学术项目——"实习机构的评估和学习（ALPS）"考察了移动设备在健康和护理行业的作用。

学生们成功地使用移动设备进行反思和评估。他们需要通过移动设备记录自己实习时能力和技能的提高，并对所在医疗机构进行评估。

实习机构的工作人员通过移动设备为学生提供适当的学习资源，并定期收到关于学生进步和能力提高的反馈。学生们可以通过自己的移动设备获取来自同事和客户的反馈。如果需要，他们可以使用移动设备完成一份电子学习档案，作为自己职业能力发展的记录。

目前，该项目研究团队已经开发了供学生使用的移动应用程序，以发展他们的沟通和反思技能。

iTunes 中的 ALPS 研究项目

ALPS 研究项目可通过 iTunes 下载使用，并在关键领域提供了大量的操作指南，主要包括：

- 沟通技能；
- 伦理意识；
- 患者安全技能；
- 团队精神。

学生可以参与这一项目来发展和展示他们的专业能力。

如要了解更多的信息，请参阅 www.alps-cetl.ac.uk。

8.16.2　实习场所中移动设备的应用

一些大学现在给学生提供平板设备，专门用于一些特殊场合的特定活动，如在车间或实验室等场所进行的实习活动。学生们可以用这些设备来查询信息，学习如何使用设备、收集数据和分析结果。在学生开始使用之前，移动设备通常会预先配置适当的文件、应用程序和链接，以确保它能更好地支持实习活动。

虽然经验数据还在不断积累中，但迄今为止的证据表明，学生高度重视使用这种技术所提供的机会。他们发现使用这种设备很容易，也很愉快，而且充满信心，对学习的助益极大。

8.16.3　案例：神经解剖学课程

利兹大学最近进行的一项试验中，在神经解剖学的实习课上，为学生每人提供了一个平板电脑，用于学习大脑内部的结构。这些平板电脑配置了大量的应用程序用来绘制大脑结构的 3D 图像。学生们在课堂上广泛使用这些应用程序，他们发现这些设备非常有助于提高他们对课堂内容的理解，一名学生评论道：

"平板电脑上的 3D 大脑绘图程序帮助我了解了大脑的不同区域是如何相互联系的，如果仅凭模型和图片这些内容是根本无法理解的。"

8.17　本章小结

本章所涉及的技术主要是由教师布置的，目的是让学生在学习过程中更积极地参与。在一定程度上，教师通过变换课程形式让学生觉得课程以及其他活动更有趣。它还可以激发思考和辩论，并鼓励学生参与，从而更好地理解和记忆教学内容。这些技术为学生提供了不同的提问、思考问题和学习新知识的方式。

虽然手机投票等技术被用于课堂，但其他技术，如视频会议和一些协作学习工具，则被用于光谱的另一端——当所有参与者都不在同一场合时进行学习。这些技术可以用来与学生保持联系，为那些处于工作岗位或那些暂时离开校园进行实地考察或实习的学生提供帮助。它们也可能只是用来避免学生在出行不便或费用昂贵的情况下重返校园。

上面列出的许多技术都可以不受地点的制约，尽管为了达到最佳的使用效果，大多数技术都依赖于网络连接的质量。一些学校利用了许多已经在学生中流行的技术，比如普通手机、智能手机、平板电脑和网络电话。这样做的好处是，学生对这些技术已经很熟悉了，他们掌握其用于学习的新功能相对容易。从另一方面讲，即使这些技术对学生来说是全新的，学习掌握这些技术对学生来说也会受益良多——这些技术可以用于学生生活的其他领域，如社交、与朋友和家人保持联系。

要有效使用这些工具进行研究，理解学术研究的性质及其惯例很重要。一般来说，当使用新技术时，传统的解释和利用信息进行研究的方法不应被抛弃。

这些技术本身也在进行调整，以更好地适应学生在不同环境和地点下的使用需求。正如本章开头的图表所示，这些技术通常假定您已经提前掌握了一系列的硬件、软件、搜索方法和工具。平板电脑和智能手机等移动设备则提供了一种手段，通过一系列技术、工具和通信技术的组合，用来支持不同方面的学习。

第9章

技术整合

通过本书前几章的学习，您已经掌握：

- 多种技术；
- 应用这些技术的多种方式；
- 将这些技术用于学术目的的相关技能。

不断变化的场景

将技术应用于学术研究的方法一直都在与时俱进，以便更好地支持学习、解决问题。现实中，并不存在一套万能的技术可供所有教师使用，为此本书主要着眼于以下几点：

- 最有可能被广泛使用的技术，包括一些已经成熟的技术。例如，虚拟学习环境以及一些最新出现的技术，如手机投票、讲座捕捉、博客和协作工具。
- 某些实用技术工具，如脸书、推特、视频会议等，您可能已经把它们用于其他目的。如果您在生活中喜欢使用这些技术，那么您可能更希望在学习中利用它们。

新技术已经出现，或即将出现，它们将为您的研究领域打开一扇新的窗户。

技术的多面性

本书提到的技术涉及了一些存在争议的领域，如：

- 一些流行的社交网络工具的使用；
- 学生之间通过在线聊天工具进行交流；
- 将智能手机和其他移动设备整合到学习中；
- 维基和维基百科的合理应用。

这些工具的使用能给您的学习带来便利和乐趣，它们可以拓展您的信息来源和思维方式，但是对于它们的合理使用是非常重要的，务必时刻注意网络礼仪和隐私安全。

学习中的应用

教师的选择

每门专业课程的学习，对于新技术的应用都有自己的取舍，有些课程从不使用新技术，有些则整合使用多种新技术。

教师对每种工具的使用都有自己的观点，包括使用的环境、是否适用于本学科的内容以及教学方式。他们也可能会将一些特殊的技术应用于教学中。

他们对以下方面是完全自主决定的：

- 选择哪些技术；
- 如何使用这些技术。

您的选择

同样地，对于您来说，也没有一个"唯一正确的方法"让您遵照执行，您可以根据课程内容和自身的实际情况，以自己喜欢的方式，把这些技术应用于学习中。

案例研究：整合应用

下文提供了三个案例，说明了学生如何以不同的方式使用这些技术。

9.1 案例研究一

主人公：奥斯曼

虚拟学习环境上的一条公告通知奥斯曼，三位当地的公司老总接受邀请，将在下一次课上发言，内容是为有兴趣进入这些行业的学生介绍他们的项目，演讲的整个过程会录音并提供在线聊天交流的时间。

浏览在线信息

授课当天，奥斯曼很早就来到了校园，他去了咖啡馆，用他的平板电脑寻找有关公司的信息，并思索他想问主持人的问题。他在领英上关注了这几家公司，以便了解更多。

下载相关课件

当他到达教室时，奥斯曼看到屏幕上显示了两条信息，其中一条提供了他可以从哪些网站下载演示文稿的详细信息。他立即下载了这些文件，并很高兴可以把其中两份文件直接添加到自己的笔记中使用。

使用推特在线聊天

屏幕上的另一条信息提供了一个推特账号，供学生在讲座期间评论和提问。奥斯曼的朋友都是用笔记本电脑登录的，但他决定用智能手机登录和聊天。

演讲开始后，学生的问题开始出现在演示屏幕的一侧。演讲者一开始并没有回复这些问题，学生们发了多条推文，回答彼此的问题，并相互推荐虚拟学习环境中的相关网站或其他关于问题答案的资源。

奥斯曼的同学比利在推特上说，他漏掉了演讲者提到的一封推荐信。

奥斯曼看到后，立即将自己电脑屏幕上的这份文件发给比利看。通过这种方式，很多同学相互支持、问答，奥斯曼在这一过程中发现了自己笔记中的一个错误并及时改正过来。

下载演讲录音

奥斯曼的另一个朋友罗斯，比较喜欢单纯地听讲和在纸上做笔记，所以她选择在演讲过后从网站上将演讲录音下载下来独自学习。

提问和回答

奥斯曼想要了解更多关于公司如何选择学生参与项目的信息，所以他发了一条推特来寻找答案。这显然引起了其他同学的兴趣，因为屏幕上出现了几个相关的问题。过了一会儿，演讲者总结了推特上的提问，并做出了相应的回答。她还给了一个网址，上面提供了奥斯曼想要的详细信息。

小组讨论及辩论

最后一场演讲谈到了技术信息和一些让同学们感到惊讶的数据，这引发了屏幕上一连串的提问，演讲者开始和学生们进行讨论。演讲结束后，奥斯曼和他的研究小组开始讨论课堂上提到的一个问题。

奥斯曼发现，学生们讨论时的一些帖子显示，他们混淆了前两位演讲者的观点。他发表了自己的评论，澄清每个演讲者的观点只适用于他们自己的企业，而不是整个行业。

使用播客播放录音

当天晚些时候，奥斯曼下载了第三位演讲者的播客录音。他在回家的路上听完了全部内容，他发现其对技术细节的解释很有帮助，所以他把它储存起来，以便在备考时再听一遍。

9.2 案例研究二

主人公：丽贝卡

丽贝卡是一名哲学专业的大一学生，她选修了一门名为"生物心理学"的专业课程。她在这个大型的、以课堂教学为主的课程中的学习经历，与以往基于小组辅导的哲学教学有很大的不同。

复合教学方法

"生物心理学"课程的教师在课堂上都使用手机投票来检查学生对知识的掌握和理解情况，这对丽贝卡来说是一种全新的方式，但是她非常喜欢在每节课上得到关于她理解了课程的哪一部分的反馈。她把所有犯过的错误都记录下来，这样她就能够有重点地进行复习和预习。

所有的讲座都在虚拟学习环境上提供了播客录音。起初，丽贝卡对此一无所知。她努力把教师说的每一句话都记录下来，直到有一个学生告诉她有关播客的事。在接下来的学习中，她把更多的时间花费在了听课上，做了更有针对性的笔记，并记下了自己的疑问，因为她知道自己可以在以后学习其他细节。每堂课结束后，她都会利用播客、课堂上的笔记和推荐阅读材料，就学习内容整理出一套更详细的笔记。

该课程的一名教师每周都使用社交媒体——推特和脸书——发布研究论文、网址和YouTube材料的链接。丽贝卡从未使用过推特，所以她选择使用脸书。她利用这些资源为她的学习笔记补充资料，她发现YouTube上的一些视频帮助她理解了一些深奥的概念。

与其他同学互动

丽贝卡觉得有些孤单，因为她是一门拥有300多名学生的生物课上唯一一个学哲学的。她失去了在每周的辅导课上讨论问题的机会，就像在她的哲学课程上所做的那样。相反，她必须适应使用网络资源与其他学生和教师讨论有关话题。

老师为学生提供了一个讨论版，让他们对课程提出问题，丽贝卡每周至少浏览这个讨论版一次。她发现其他学生在问她不明白的问题，她发现答案和讨论非常有用。她在讨论版上提出了几个问题，甚至还回复了另一个学生的疑问，并附上了她发现的在线资源链接。

选修该课程的神经科学专业的学生在脸书上成立了一个学习小组，丽贝卡请求加入并获得了批准。当她浏览过往的帖子时，她发现了许多关于"生物心理学"课程的话题，这些讨论加深了她的理解，让她受益匪浅。在以后关于课程讨论学习的过程中，她成为这个小组的积极成员，并通过讨论结交了许多新朋友。

巩固知识和复习

丽贝卡要准备三门考试，其中包括"生物心理学"。她在本学期的最后几周开始准备，复习虚拟学习环境中的在线资源。她在"生物心理学"模块中找到了一整套在线模拟考试题库，丽贝卡用这些测试来检查自己对所学课程知识的理解，找出自己得分较低的地方，有针对性地进行复习。

在课程的最后阶段，丽贝卡还参加了一个复习项目，教师使用手机投票向学生提问，然后讨论答案。她发现这一项目有助于检查她考试准备工作的成效，并指出自身还需要在哪些方面增加知识。

9.3 案例研究三

主人公：杰克

杰克是医学院三年级的学生，辅修微生物学，这意味着他需要在一年的时间里脱离医学专业来完成微生物学专业的本科学习。他在第三年（最后一年）开始学习微生物学专业课程，他面临许多学习上的挑战，因为医学课程和微生物学课程采用了不同的教学方法。幸运的是，他发现自己以前掌握的技术经验帮他克服了这一挑战。

与当前研究保持同步

他参加了一个讲座，学会了如何使用平板设备搜索图书馆资源、存储和管理期刊研究文章。他使用自己的设备对教师提到的研究论文进行阅读、注释，然后做笔记。杰克发现在课堂上用移动设备搜索新论文非常有用。他还喜欢使用Mendeley作为参考文献管理工具，因为它可以提供其正在阅读论文的信息和评论，以及相关期刊文章的链接。

作为一名活跃的推特用户，杰克很好地利用了这一社交媒体来查看期刊目录和论文链接。他推送了相关论文的链接，他认为其他人会感兴趣。他开始关注微生物学会和相关组织，以了解该领域的最新研究进展。

专业发展

作为一名实习医生，杰克习惯于记录自己的专业发展技能。在微生物学领域，他同样要记录自己的成长，包括实验方面和学术发展方面。在上实验课之前，杰克需要在虚拟学习环境中完成在线健康和安全培训练习，并将结果记录在他的电子文档中。他还必须在博客中反思自己的专业发展，为与学术导师会面做准备。他从一开始就记录自己的学术进展，这为他与微生物学教师的讨论提供了很好的背景信息。

小组作业：利用技术手段完成

杰克被分配到一个由三名学生组成的小组去完成他最后一年的课题。在项目开始之前，他和学术导师见了面，他们同意使用技术手段来保持联系、制订计划、记录进展和共享信息。该小组讨论了如何最好地利用他们现有的技术，并同意使用下列资源：

1.脸书社群：用于分享和讨论正在进行的作业进度和制订计划。
2.谷歌文档：用于分享文档信息、数据以及演示资料。
3.Dropbox：用于共享与谷歌文档不兼容的原始数据文件。
4.Mendeley：用于存储和共享与项目相关的参考资料。
5.维基工具：用于在虚拟学习环境中编写最终的小组项目报告。

该项目的一项任务是制作一个视频，演示收集数据的方法。他们用学术导师提供的手持摄像机录制了这段视频，经过认真仔细地编辑后发布在了YouTube上。他们的视频在发布后的3个月内就获得了100多次观看和50次点赞。他们的导师对这段视频印象深刻，并鼓励他们将其发表在《可视化实验杂志》（www.jove.com）上。

9.4　使用新技术解决学习难题

行动：您的建议

对于如何更高效地利用新技术进行学习，您会给以下的学生提出什么样的建议？

9.4.1 阿尔贝蒂娜

"我有一份工作，因为我需要工作，我发现我几乎所有的时间都被工作和学习占用了。当我下班回家后，我每天晚上至少还要学习 3 个小时，但我不知道我能否通过考试。我很担心我会考试不及格，尤其当自己被很多人寄予厚望时。为了进行自我检验，我自己出了考试题目然后进行解答。我全都答对了，这极大地增强了我的自信，但我有些担心自己所出的题目是否过于简单。

我想其他同学知道的比我多，但这也可能只是我的想像——我确实没有时间出去和大家打成一片。我不知道他们是什么样的人，也不知道他们是否像我一样挣扎。一个人学习这么多，会感到很孤独。"

9.4.2 基兰

"我一直开着我的智能手机，即使在课堂上或实验室里，我也会查看我的同伴们在做什么——发推特、发信息、摆弄应用程序，看看 YouTube 上有什么新东西，总有一些事情可做。我想我是一个喜欢社交的人，而且好奇心很强。这可能就是我保持时刻在线的原因。

我现在的成绩不是很好，我是不是有点分心了?也许吧。智能手机对我的学习有帮助吗?不知道。我们有虚拟学习环境吗?我想是的，但我确实没怎么用它，所以我想你会说我错过了许多东西。"

9.4.3 杰斯丁

"今天对我来说很有代表性。我通勤去大学，所以要坐一个小时的公交车。旅途虽然很无聊，但我可以通过看免费报纸、给朋友发短信告诉他们我昨晚做了什么、听 MP3 来打发时间。

今天大学的第一堂课是解剖学。这并不是我最擅长的科目，所以我不得不以每小时 50 英里的速度记笔记，而他——授课教师——则只须轻松地说出来。这门课讲得很快，同学们都很难同时把他说的每句话都记下来。我试着逐字逐句地记下来，以便以后复习，但课堂上有一半的时间，我甚至不知道他说的单词是什么。

下课后，我花了很长时间，试图把我记的笔记与书上的内容联系起来，但很多时候我根本看不出这两者之间有任何联系。好像在上课前，虚拟学习环境上会提供背景说明——但我从没看过。"

9.4.4 托马斯

"我们家离学校很远，因此我不能经常到学校去。我目前所认识的很多同学都经常一起出去玩，但是我很少参与，因为我做不到，所以我并不真正属于这个圈子。一定还有像我一样感到有些与世隔绝的人，如果能偶尔和这样的同学一起学习交流，那该多好啊，我想我们一定有许多共同语言！"

9.5 自我评估：我如何使用现有的技术？

阅读下表，思考并回答问题。

问题	回答
1.我目前是如何运用技术支持学习的？	
2.这与一年前相比有什么变化？	
3.哪些技术组合让我觉得最有帮助？	
4.我更喜欢哪些技术或技术组合?我觉得哪种技术最没用？	
5.我现在使用技术的方法效果好吗？我花了多少时间？	
6.为了更好地应用技术，我还需要做什么？	

9.6 自我评估：强项与弱项

总体评价	相对较强的地方	我希望取得进步的地方
利用新技术来学习（第1章）		
□非常好 □好 □还可以 □一般弱 □非常弱	□我明白成为在线社区的一员意味着什么 □我为一个在线学术社区做出了贡献 □我知道如何建立一个在线社区 □我有建立在线社区的丰富经验 □我始终保持良好的网络礼仪 □我很注意我的在线形象 □我很注意网络安全 □我很尊重其他人的劳动成果 □我很在意别人对IT的使用方法和态度	
虚拟学习环境（第2章）		
□非常好 □好 □还可以 □一般弱 □非常弱	□我了解虚拟学习环境提供给我的全部资源 □我已经开始使用这种工具 □我经常使用虚拟学习环境 □我经常查阅老师提供的新材料 □我充分利用虚拟学习环境上的资源来支持我的自主学习	

续表

总体评价	相对较强的地方	我希望取得进步的地方
管理在线学习信息（第3章）		
□非常好 □好 □还可以 □一般弱 □非常弱	□我了解学术研究信息管理的不同阶段 □我理解每个阶段之间是如何过渡的 □我知道如何衡量材料是否适合我的学习 □我知道如何进行相关的搜索和查阅 □我知道对我的学习最有帮助的文献数据库 □我知道对我的学习最有帮助的数字资源库 □我会运用相关的自动搜索 □我会使用参考文献管理工具 □我知道如何储存和分享书签 □我知道如何进行信息接收和更新 □我知道如何使用谷歌工具帮助我的学习	
播客（第4章）		
□非常好 □好 □还可以 □一般弱 □非常弱	□我知道如何查找和订阅播客 □我知道如何评估播客的学术质量 □我知道很多使用播客的方法以支持我的学习 □我使用播客来补充（而不是取代）授课内容 □我使用好的组织技术高效地使用播客 □我使用播客时做笔记 □我将批判性思维运用到播客的使用上 □如果我在工作中使用播客作为资源，我会正确地进行引用和参考说明 □我可以制作自己的播客来帮助我理解所学知识和准备考试 □我能够把好的设计原则运用到制作播客上	
博客（第5章）		
□非常好 □好 □还可以 □一般弱 □非常弱	□我知道如何找到有用的博客 □作为一名学生，我很清楚博客可以支持我的各种方式 □我知道如何创建博客 □我知道博客的特色和优势 □我将受众的喜好纳入到博客的创作中 □我知道如何宣传和分享我的博客 □我会对别人发表的博客内容进行建设性的评论 □我知道如何利用博客来支持学术反思 □我知道如何创建博客以完成作业 □我知道如何使用博客支持我的项目开发 □我知道如何把他人的博客转化为我的学习资源 □我将批判性思维运用到博客的使用上 □如果我在工作中使用博客作为资源，我会正确地对使用部分进行引用和参考说明	

续表

总体评价	相对较强的地方	我希望取得进步的地方
维基（第6章）		
□非常好 □好 □还可以 □一般弱 □非常弱	□我理解并能运用维基百科的五大准则 □如果我使用维基百科，我知道如何在那里找到适合学术研究的资料 □我不仅利用维基百科查找资料，我也会利用其他途径查找资料 □如果我使用维基百科，我会查找它的原始出处，阅读并进行参考 □我知道在使用维基百科信息时，需要查看信息来源，以确保信息的准确性 □我知道如何编辑维基页面 □我知道如何创建维基文章 □我知道如何与人协作共同编辑维基文章	
社交媒体（第7章）		
□非常好 □好 □还可以 □一般弱 □非常弱	□我知道如何建立社交媒体社区 □我知道如何利用社交媒体获得同伴的支持 □我知道如何利用社交媒体完成小组作业 □我知道如何利用微博来达到学术目的 □我知道如何使用社交网络工具来支持我的专业发展	
课堂与通信技术（第8章）		
□非常好 □好 □还可以 □一般弱 □非常弱	□如果课堂上提供手机投票的机会，我知道如何有效利用 □我知道在讲座捕捉中如何进行聊天 □我对使用视频会议充满信心 □我知道如何使用协作学习工具 □当有机会使用协作学习工具时，我会积极参与 □我知道如何利用移动设备来支持我的学习 □我知道我自己的设备可以使用的应用程序	
技术整合（第9章）		
□非常好 □好 □还可以 □一般弱 □非常弱	□我尝试了不同技术组合的方式 □我根据环境来调整我使用的技术组合 □我知道整合我的研究技术的最有效的方法	

9.7　本书未涉及的技术

　　您可能在课堂上遇到本书里没有提到的其他技术。如果是这样，您可以使用下面的清单来评估这些技术对您是否有帮助。

事项	评论
1.□高效和有趣的学习 这项技术会对我的学习方式产生积极的影响吗?如果是这样，怎样产生的?	
2.□技术整合 这项技术会拓展现有技术的功能吗?我怎样才能更好地把它们结合起来?	
3.□专业发展 这项技术对我的专业发展有帮助吗?如果是这样，如何做到?	
4.□可用性和访问 这项技术在校内可以使用吗? 我需要因此重装家里的电脑吗?	
5.□我的技能 我是否具备充分利用这项技术所需的技能?如果没有，我需要发展哪些技能，或者会得到哪些技能培训?	
6.□团队技能 这项技术可以促进团队工作吗?如果是，所有成员都可以使用它吗?他们愿意使用吗?我们怎样才能协调整个小组的进度?	
7.□效果评估 针对这项技术是否有使用效果评估?如果有，如何进行评估?	
8.□购买 如果我可以自行决定购买与否，这项技术值得我花时间和金钱吗?如果不值，我还有什么其他选择?	

9.8　结束语

　　本书所涉及的技术可能会很快发生变化——在您阅读本书时，有些技术可能已经取得了显著的进步，而有些技术可能已经被新技术所取代。这听上去也许有些令人惋惜，但这正是利用这些技术带给我们的兴奋和兴趣的一部分。

　　本书应该能让您对新技术有一个大致的了解，至少在某种程度上拓展了您的视野，并为您的学习提供了更多的技术资源。理想情况下，它会鼓励您积极思考，以新的方式应用技术来支持自身的学习。您也许会在本书以外找到更多应用这些技术的方法，如果确实如此，希望到时您乐于分享这些知识，给在线社区和协作学习带来更多的乐趣。

　　我们真诚地希望您喜欢这本书，并为提高您的学习成绩带来帮助，哪怕只是一点点！

术语汇编

应用程序（application，app）

安装在个人电脑或移动设备上的软件程序。

异步（asynchronous）

个人可以在任何时间参加，而不是同时参加的活动（如网络对话、辩论、编辑或在线交流）。

音频文件（audio file）

包含声音信息的计算机文件。

文献数据库（bibliographic database）

汇总已发表的学术论文的条目（如期刊和报纸文章、会议记录、书籍、专利），可使用关键字搜索全文链接。

博客（blog）

全称为网络日志，是网站发布的个人信息更新，通常倒序排列。

博主（blogger）

写博客的人。

博客圈（blogosphere）

一个术语，用来指互联网上的所有博客以及它们之间的链接。

书签（bookmark）

本地储存的网站位置数码记录，方便日后查阅，也叫收藏夹。

布尔运算符（Boolean operators）

用于构造复杂在线搜索的搜索词（如"和""或""不"）。

聊天（chat）

个人之间使用即时通信工具、社交网络工具或在线协作工具中的聊天功能传递的消息，聊天可以是两人之间的私人谈话，也可以多人参与。

聊天室（chat room）

参见*讨论版*。

引用（citation）

参考文献的作者和日期的详细信息，在文章的正文中提供，以确认一种思想或知识的来源，完整的细节将在文档末尾的参考文献列表中提供。

协作学习工具（collaborative learning tool）

允许多人同时进入在线虚拟空间查看和对相同资源交互使用的软件或网站，通常用于在线教学，教师可以对学生授课，并以电子方式提供学习资源，允许学生发言、记笔记和提问。

协作写作（collaborative writing）

多人同时编辑一个共享文档的过程。

评论（comment）

在一个网站上回应另一个信息或材料的信息发布。

版权（copyright）

赋予内容或知识创造者的合法权利。

课程（course）

可以是一个教学单元（模块），也可以是一个完整的学习计划。

简历（curriculum vitae，CV）

申请工作时使用的文件，提供个人关于工作、资格、技能、经验和兴趣的详细信息。

数字资源库（digital repository）

以多种形式提供信息或研究成果的数字化资源。

讨论版（discussion board）

允许多人在线共享信息和交流（通常是异步的）的工具，根据主题组织。也叫留言板或聊天室。

下载（download）

将文件的副本从网站或服务器储存到个人电脑或移动设备。

电子书（e-book）

一本书的电子版。

编辑（editor）

加工文件以改进语言、完善材料等的专业人员。

电子白板（electronic whiteboard）

允许多人查看（并在其上绘图）的虚拟白板，经常用于协作学习工具或虚拟学习环境。

剧集（episode）

在播客里，组成系列节目的单个音频文件。

电子阅读器（e-reader）

专为阅读电子书而设计的便携式电子设备。

收藏夹（favourites）

参见*书签*。

歧见（flame，flaming）

互联网用户之间的分歧或争论。

Flash 动画（flash）

在网页内传送多媒体互动内容（如声音、影像、动画）的文件。

形成性评价（formative assessment）

不计入课程分数，但有助于学习者学习知识和增进理解的测试或测验。

全文（full text）

从期刊中获取文章的全部内容而不仅仅是摘要。

全球定位系统（global positioning system，GPS）

在移动设备上提供位置信息的卫星导航系统。

谷歌文档（Google Docs）

谷歌公司免费提供的一套工具，用于在线生成和共享文档和演示文稿。

小组作业（group assignment）

需要多名学生一起完成的课程或项目。

标签（hashtag）

在社交媒体工具推特中，使用符号#和关键字搜索主题。

主机（host）

在网络环境中，主机指互联网服务提供商。

即时消息（instant messaging）

参见*聊天*。

互联网（internet）

由世界各地的计算机提供的可供访问的内容和网络。

iTunes

苹果公司提供的用于下载音乐、播客、应用程序、视频和其他内容的在线软件。

iTunesU

iTunes 的学术资料专区，包含播客。

期刊（journal）

在学术界，指包含原始研究、评论和信件的学术出版物，通常在出版前经过专家评审。

关键字（keywords）

用来描述主题或话题的词。

笔记本电脑（laptop）

便携式个人电脑。

学习管理系统（learning management system，LMS）

也叫虚拟学习环境，通常指受密码保护的在线网站，包含学习资源和学习工具。

讲座（lecture）

在教学活动中，学科专家（教师）授课，并与观众交谈、互动。

讲座捕捉（lecture capture）

用来在课堂上录制声音或视频的技术。

讲师（lecturer）

能对一群学生就某个话题发表权威演讲的专家，在英国的大学里，"讲师"是对学术人员的称呼。

留言板（message board）

参见讨论版。

微博（micro-blogging）

通常包含链接的短消息，在推特等社交网络工具中使用。

移动设备（mobile device）

广义是指带有触屏功能的便携式设备，包括拥有电话服务（如智能手机）或不具有电话服务（如平板电脑）的设备。

移动电话（mobile phone）

一种可以打电话和接电话的手持设备，通常指几乎没有其他功能的设备，不是智能手机。

主持人（moderator）

在讨论版或讲座捕捉中，拥有管理权限并监督内容的人。

模块（module）

在一项学习计划中针对一个单独主题的教学单元，也可称为课程。

网络礼仪（netiquette）

描述网络行为的惯例、规则和责任，尤其针对博客和讨论版的行为。

网络（network）

相互连接的计算机集合。

新闻提要（news feed）

在特定区域为用户自动提供更新的基于文本（或多媒体）的内容，通常用于新闻、播客、视频、博客。

网上测试或测验（online test or quiz）

可由电脑评估及自动评分的试题，如多项选择题。

同伴（peer）

在互相支持的情况下，处于同一水平学习的其他同学。

同行评审（peer review）

学术作品（如期刊论文、图书等）出版之前，从该领域的一个或多个专家那里得到反馈和意见。

个人电脑（personal computer）

一种通常有单独显示器的台式计算机。

更新通知（ping）

博客用语，用来通知其他计算机服务器，博客上的内容已经更新。

实习（placement）

学生毕业前根据专业学习的需要，到一家特定的机构或企业学习或工作一段时间，称为实习。

剽窃（plagiarism）

抄袭他人的作品或思想而不给予适当的承认或参考的行为。

播客（podcast）

在互联网上发布的一系列音频文件，可通过播客软件或工具访问。

播主（podcaster）

制作播客的人。

播客播放软件（podcatching software）

互联网上的播客工具或软件，或个人计算机、移动设备上提供的播客访问，允许用户收听或订阅播客。

便携式媒体设备（portable media device）

播放音频或视频内容的手持设备。

帖子（post）

在博客或讨论版中发布的文本或多媒体内容。

专业发展（professional development）

在学习或工作中不断获得技能和培训。

课程（programme）

通常是指所有为了获得学历而必须完成的学习单元。

评级（rating）

用户对其所浏览的在线内容提供的定量反馈，可以是数字（如1~5）或星星，然后取其平均值供其他用户查看。

简易资讯聚合（really simple syndication，RSS）

用于创建新闻提要的系统，参见新闻提要。

参考文献（reference）

在作业或学术文件中使用的学术资料的完整细节，通常出现在文档末尾的列表中，包含作者、年份、标题、来源和卷/页的详细信息，可用嵌入在文档中的引用进行链接。

参考文献管理工具（reference management tool）

管理多个学术文件（通常以期刊文章的形式）的应用软件，可以正常存储文档并自动提供参考文献列表。

简历（resume）

申请工作时使用的文件，提供关于工作经历、资格、技能、经验和兴趣的详细信息。

搜索引擎（search engine）

可在互联网上搜索网页、图片、内容等的工具。

服务器（server）

通过计算机网络向用户或其他计算机提供信息的计算机。

短信服务（short message service，SMS）

通常通过移动电话或智能手机发送的文本信息。

智能手机（smartphone）

一种能打电话和接电话的手持设备，并提供其他功能，通常包括接入互联网和安装软件应用程序。

社交书签工具（social bookmarking tool）

允许用户存储、共享和访问网站收藏夹（书签）的在线服务，一些工具还允许用户进行评级和评论。

社交媒体（social media）

允许用户创建个人资料、建立用户网络和通过各种媒介（如文本更新、链接、照片、视频）进行在线交流的工具。

社交网络（social networking）

使用社交媒体工具与其他在线用户进行互动。

垃圾邮件（spam）

通过电子邮件、博客、讨论版或社交媒体发送的不受欢迎的信息。

赞助链接（sponsored link）

在搜索引擎中出现在搜索结果页面顶部或侧面的页面或服务的链接，常被广告商使用。

主题网关服务（subject gateway service）

在互联网查找学术信息时，获得的经过验证的与某个特定学科的学生、研究人员和学者相关的链接列表。

订阅（subscribe）

承诺在您的计算机或移动设备上接收未来发布的播客或视频内容。

同步（synchronisation）

将移动设备连接到计算机或服务提供商，以上传或下载材料的过程。

平板电脑（tablet computer）

一种带有大触摸屏的移动设备，具有多种功能。

标签（tags）

通过添加内容来标识主题或题目的关键词。

技术（technology）

使用工具或机器来完成任务。

文本编辑器（text editor）

内置在网页或工具中的功能，允许用户录入和格式化文本。

线程（thread）

在讨论版中，一系列关于特定题目或主题的信息（帖子）。

参照（trackback）

在博客里，它意味着一个用户文章的内容是参考另一个用户的文章而撰写的。

趋势（trend，trending）

在推特上不断更新的最常见的单词或标签。

钓鱼帖（troll，trolling）

在讨论版发布的不必要或不相关的信息。

导师（tutor）

在学术界，通常指与学生以小组或个人形式互动的学术人员。

推文（tweet）

不多于140个字的文本消息，也叫微博。

链接（uniform or universal resource locator，URL）

它是访问互联网上的网页资料的地址（或参考地址）。

视频会议（video conferencing）

允许多个用户通过视频媒体进行互动的工具。

视频文件（video file）

包含视频信息的计算机文件。

虚拟学习环境（virtual learning environment，VLE）

也叫学习管理系统，通常指受密码保护的在线网站，包含学习资源和学习工具。

视频播客（vodcast）

发布在互联网上的一系列视频文件。

互联网语音协议（voice over internet protocol，VoIP）

使用因特网打电话和接电话的工具。

手机投票（voting handset）

手持设备与接收器无线连接，允许用户回答屏幕上的问题。

WAV文件（wav file）

一种常见的声音文件，可由许多软件工具和媒体设备播放和编辑。

基于网络的（web-based）

互联网上的内容或材料。

网络摄像机（webcam）

用于记录和发送视频信息的设备。

在线研讨会（webinars）

可以使用计算机或移动设备注册并参加的在线课程或讨论，通常是免费的，而且非常方便，不需要去实地参加会议。

网页提要（web feed）

参见*新闻提要*。

网络日志（weblog）

博客的全称，参见*博客*。

网站（website）

互联网上的相关网页集，从链接的主页访问。

无线网络（wifi）

允许移动设备无线连接互联网的机制。

维基（wiki）

可以由多个用户编辑的在线文档。

维基编辑（wikipedian）

编辑维基百科的个人。

无线（wireless）

在设备之间发送数字信息的机制，而不需要使用电线或电缆。

导航（wizard）

完成安装过程的逐步说明。

工作实习（work placement）

参见*实习*。

参 考 文 献

Callis, K. L., Christ L. R., Resasco J., Armitage D. W., Ash J. D. et al. (2009) Improving Wikipedia: educational opportunity and professional responsibility. *Trends in Ecology & Evolution* 24, 177-9.

Chesney, T. (2006) An empirical examination of Wikipedia's credibility. *First Monday*, 11_11. Available online: http: //fifirstmonday. org / issues/ issue11_11 / chesney/index.html (accessed 14 Feb. 2012).

Clauson, K. A., Polen, H. H., Boulos, M. N. and Dzenowagis, J. H. (2008) Scope, completeness, and accuracy of drug information in Wikipedia. *Annals of Pharmacotherapy* 42, 1814-21.

Cottrell, S. M. (2008) *The Study Skills Handbook* (3rd edn). Basingstoke: Palgrave Macmillan.

Cottrell, S. M. (2010) *Skills for Success* (2nd edn). Basingstoke: Palgrave Macmillan.

Cottrell, S. M. (2011) *Critical Thinking Skills* (2nd edn). Basingstoke: Palgrave Macmillan.

Cottrell, S. M. (2012) *The Exam Skills Handbook* (2nd edn). Basingstoke: Palgrave Macmillan.

Giles, J. (2005) Internet encyclopaedias go head to head. *Nature* 438, 900 – 901.

Haigh, C. A. (2011) Wikipedia as an evidence source for nursing and health-care students. *Nurse Education Today* 31, 135-9.

Junco, R., Heiberger, G. and Loken, E. (2011) The effect of Twitter on college student engagement and grades. *Journal of Computer Assisted Learning* 27, 119-32.

Kirschner, P. A. and Karpinski, A. C. (2010) Facebook® and academic performance. *Computers in Human Behavior* 26 (6), 1237-45.

Luyt, B., Aaron, T. C. H., Thian, L. H. and Hong, C. K. (2007) Improving Wikipedia's accuracy: is edit age a solution? *Journal of the American Society for Information Science and Technology* 59, 318-30.

Mack, D., Behler, A., Roberts, B. and Rimland, E. (2007) Reaching students with Facebook： data and best practices. *Electronic Journal of Academic and Special Librarianship*，8. Available online： http： //southernlibrarianship.icaap.org/content/ v08n02/mack_d01.html（accessed 14 Feb. 2012）.

McKinney，D.，Dycka，J. L. and Lubera，E. S.（2009）iTunes University and the classroom： can podcasts replace professors? *Computers & Education* 52，617-23.

Morris，N. P.（2010）Podcasts and mobile assessment enhance student learning experience and academic performance. *Bioscience Education* 16，1-7.

Pears，R. and Shields，G.（2010）*Cite Them RIght*（8th edn）. Basingstoke： Palgrave Macmillan.

Purdy，J. P.（2010）The changing space of research： Web 2.0 and the integration of research and writing environments. *Computers and Composition* 27，48-58.

Rector，L. H.（2008）Comparison of Wikipedia and other encyclopedias for accuracy，breadth，and depth in historical articles. *Reference Services Review* 36，7-22.

Tian，S. W.，Yu，A. Y.，Vogel，D. and Kwok，R. C. W.（2011）The impact of online social networking on learning： a social integration perspective. *International Journal of Networking and Virtual Organisations* 8，264-80.

Virendra，M.（2011）Critical care training： using Twitter as a teaching tool. *British Journal of Nursing* 20，1292-6.